范蠡完勝三十六計

智謀之理論與全方位實務操作

（上 冊）

陳 福 成 著

文 史 哲 學 集 成
文史哲出版社印行

國家圖書館出版品預行編目資料

范蠡完勝三十六計：智謀之理論與全方位實務操作 / 陳福成著. -- 初版. -- 臺北市：
文史哲, 民 109.11
冊；　公分（文史哲學集成；733）
ISBN 978-986-314-534-9（全套；平裝）

1.(周)范蠡 2.學術思想 3.謀略 4.成功法

177.2　　　　109017057

文史哲學集成 733

范蠡完勝三十六計

智謀之理論與全方位實務操作（二冊）

著　者：陳　福　成
出版者：文　史　哲　出　版　社
http:// www.lapen.com.tw
e-mail:lapen@ms74.hinet.net
登記證字號：行政院新聞局版臺業字五三三七號
發行人：彭　正　雄
發行所：文　史　哲　出　版　社
印刷者：文　史　哲　出　版　社
臺北市羅斯福路一段七十二巷四號
郵政劃撥帳號：一六一八〇一七五
電話886-2-23511028・傳真886-2-23965656

定價新臺幣八八〇元

二〇二〇年（民一〇九）十一月初版

ISBN 978-986-314-534-9　　01733

自序：范蠡完勝三十六計

——智謀之理論與全方位實務操作

「智謀學」在我中華民族五千年的「時空溫牀」裡，經千百代大智大慧的煅煉而成，很多智謀更已普及化到普羅百姓都能運用的生活智慧。因此，智謀之用成為我中國文明史上的特色，在世界文明史也佔有輝煌的一頁。

瑞士漢學家勝雅律教授（註：出生於瑞士威勒採爾一個書香家，一九六三年秋入讀蘇黎世大學法律系，也成為律師。但他並未走上律師業，因為他愛上了「中國學」，於是到中國留學、研究，專研智謀之學，寫了很多有關三十六計的作品）曾說：

中國人開闢的智謀學，是一個既深邃又廣袤的天地。在這個天地裡，充滿著「知識可樂」，我這個西方人雖然只是品嘗了其中的點滴，但深感其味無窮，現在可以說是欲罷不能。

勝雅律先生潛心研究中國的智謀學，回國後出版了他的巨著，《智慧——平常和非常時刻的巧計》。該書專門研究和評述中國這套三十六計，在西方世界引起極大震動，被西方學術界評為「溝通中國和西方在文化文明上相互理解奇書」。

智謀三十六計之學，在我們中國已流傳幾千年，每一代的思想學、政治學、兵法學、軍事家等，都有不少三十六計經典史例傳世，略提數家所善用之計。

姜太公（謀聖）：指桑罵槐、反間計、美人計。

范　雎：遠交近攻。

田穰苴：指桑罵槐。

孫　武：指桑罵槐、樹上開花。

白　起：關門捉賊。

孫　臏：瞞天過海、圍魏救趙、以逸待勞、李代桃僵、假癡不癲。

端木賜（子貢）：借刀殺人。

張　儀：無中生有、笑裡藏刀。
韓　信：暗渡陳倉、上屋抽梯。
陸　遜：以逸待勞。
周　瑜：反間計、連環計、苦肉計。
孔　明（智聖）：趁火打劫、打草驚蛇、欲擒故縱、借刀殺人、假道伐虢、渾水摸魚、金蟬脫殼、反客為主、調虎離山、空城計、連環計、走為上計。
司馬懿：假癡不癲。
曹　操：隔岸觀火、釜底抽薪、關門捉賊、圍魏救趙。
班　超：聲東聲西。
薛仁貴：瞞天過海。

以上不過略舉，若加上帝王將相、各行各業流傳之經典史例，恐怕是無窮多可以形容。前述吾國歷史上最能用計者，是被封「智聖」的孔明，他最善用有十二種計。在他臨終前，尚借馬超的刀殺掉魏延，孔明一死，馬超就完成遺命，在孔明靈前告慰。在他死後還「親自導演」走為上計，更成為千古傳頌的神話，這是智聖的智慧，後世流傳著，「死諸葛嚇走生仲達」！

但孔明卻還排不上第一名。這三十六計狀元要讓給范蠡（商聖、聖臣、智臣、財神），東西方歷史上僅此一人被封雙聖位，也只有范蠡一人完勝三十六計。他一生從政從商所有功業，都可以在三十六計中找到對應，他是怎麼辦到的？

本書也著眼於現代運用，特別是各行各業商戰商品行銷，從原始理論詮釋，到現代廣泛擴大的實務操作，提供全方位各行各業可操作性的實務練習。

台北公館蟾蜍山　萬盛草堂主人　**陳福成**

誌於佛曆二五六三年　公元二〇二〇年四月吉日

目 次

范蠡完勝三十六計
——智謀之理論與全方位實務操作

上 冊

下冊

第一篇 勝戰計

具備充分打勝仗條件下的計謀，通常在我方有某一方面優勢或極大優勢時，所使用的計策。有六計：

瞞天過海
圍魏救趙
借刀殺人
以逸待勞
趁火打劫
聲東擊西

第一章 瞞天過海

古今中外歷史上，使「瞞天過海」之計著名案例，如呂不韋使秦國落難王孫變秦王、隋軍飛渡長江滅陳、唐太宗大軍渡海平東土、孫臏裝瘋潛回齊國、孫臏減灶惑龐涓、曹操望梅止渴安軍心、檀道濟唱籌量沙襲魏軍、元朝的兀良哈台攻打押赤城（今雲南昆明市）等。

在西方，如特洛伊木馬屠城，一九三九年希特勒突襲波蘭、一九九一年美國侵略伊拉克。二戰時日本偷襲珍珠港，羅斯福故意讓太平洋艦隊被毀滅，是「小瞞天過海」與「大瞞天過海」的較量。另外，現代「民主」選舉（如美國川普、二〇二〇台灣大選）製造假新聞，都是一種瞞天過海之計。「天」都瞞住了，人民那能看清？最著名的是台島地方割據政權的陳〇扁、邱〇仁等人，一手製造的「三一九槍擊弊案」，俗稱「兩顆子彈」，是現代版「瞞天過海」之典範。「天」永不知真相，人當然就別提了，可見得「瞞天過海」之計的厲害和可怕！這是一種陽奉陰違、製造假象、轉移視聽和隱跡潛蹤的戰略技術。

第一節　范蠡與瞞天過海

瞞天過海基本操作時機模式

瞞天過海最根本的基本模式，是把「天大的秘密」（必能達成目標的手段），藏於光天化日下、眾目睽睽之中，為大家所共見而不起疑，皆信以為真。

秘密藏得越緊，越容易被發現真相，防備的周嚴會很快失去警覺性，反而容易鬆弛。光天化日、眾目睽睽、司空見慣之事，最不會引人起疑。

所以計謀要潛藏在公開事物裡面，而不是藏在任何隱密處。每個人都能看見的明處，就正是詭詐計謀最佳運作，最容易達成目標的手段。

要將祕密籌畫的計謀（所欲達成的目標），確定可以付諸實現，最好公開的做，而不是祕密進行。夜半偷人，僻巷殺人都是無智、愚者之行為，不能成大器，更不是智謀之士所當為。

瞞天過海擴大運用時機模式

瞞天過海是三十六計中最大一計，可謂是三十六計之「總計」，因為每一計都在體現一個「瞞」字。「瞞」是所有各計的基本元素，所謂「欺」，所謂「詐」，所謂「騙」，也都與「瞞」相通。古今中外的戰爭、政治鬪法或經濟商業算計，從來都在「兵不厭詐」裡決定雙方勝敗乃至生死，甚至國家民族之存亡，端看有多少智慧、決心。擴大運用瞞天過海時機和模式。

二次大戰時，日本以山本五十六策劃偷襲珍珠港，從戰爭觀點看，是成功的瞞天過海之計。但相較於美國總統羅斯福的瞞展，日本所施乃「小型瞞天過海」，最終註定失敗。

羅斯福施展瞞天過海擴大其模式（範圍），很快在半年內反敗為勝，取得最後成功。珍珠港事件前，美國全民反戰，各方情報都確認日本將偷襲珍珠港，但羅斯福把情報壓在自已的辦公桌，他瞞住了人民。他要用有限的部分損失，喚醒人民參戰的決心，他達成目的了，「天」都瞞住了，當然沒有證據。但種種跡象，證明他以瞞天過海之計，瞞住全民，故意使太平洋艦隊被毀滅（含許多人命）。（註一）這一計是擴大型瞞天過海。

珍珠港事件當日，美國所有的航空母艦都不在珍珠港內，兩日前紛紛被調出港，只留下幾艘價值已不大的戰列艦讓日本轟炸。此一瞬間，美國全民同仇敵愾，決心對日作戰，半年後就以事件前調出的航空母艦，打敗了日本聯合艦隊。

此一案例，可謂是雙向瞞天過海，日本的「小瞞天過海」碰上美國的「大瞞天過海」，雙方的「瞞」功都不得了。人類歷史是一部戰爭史，每戰必有所瞞，乃瞞出許多精彩的史詩故事，二千多年前范蠡的瞞天過海就是，亦成千秋萬世之典範。

范蠡的瞞天過海

瞞天過海的精妙在示「假」隱「真」，透過戰略偽裝的高度達到疑兵效果。殊不知這正是范蠡思想又來自他的老師計然，而計然又是老子的高徒，他們都繼承老子「無名、無為」的風格。是故，計然、范蠡皆好「隱」，凡事隱於「九地之下」，神不知，鬼不覺，在〈計然子〉傳有這樣記載。（註二）

計然者，姓辛氏，名文子。其先，晉國亡公子也，博學無所不通。為人有內無外，形狀似不及人，少而明，學陰陽，見微而知著。其行浩浩，其志泛泛，不肯自顯諸侯，陰所利者七國，天下莫知，故稱曰計然。時遨遊海澤，號曰「漁父」，曾南遊越，范蠡請見越王，計然曰：「越王為人鳥喙，不可與同利也。」范蠡知其賢，卑身事之，請受道，藏於石室，乃刑白鷸而盟焉。

計然，《史記》作「計然」，《吳越春秋》作「計梲」，《越絕書》作「計倪」等，均指同一人，就是范蠡的老師計然。范蠡把一生政商成就，歸於計然思想的引導，可見老師對他影響極大。計然為人「有內無外」「陰所利者七國，天下莫名」，這種「瞞天」智慧，放在現代廿一世紀的國際，恐怕也難有第二例，有那位高人可以成為「七國財經顧問師」，而能「天下莫知」？范蠡和計然超凡入聖的「瞞」功，空前絕後之神功！

所以完整的看范蠡一生事功，在興越滅吳的復國大業這部分，不論對越、對吳，范蠡施展了「大型瞞天過海」之計。他和勾踐在吳國當了三年「越奴」後，回越國策訂了興越滅吳的二十年大政方針如下。（註三）

㈠勸勾踐寬懷大度，胸襟豁達，以領導群倫，以涵容人眾，以盡人力。即所謂「唯地能包萬物，不偏其事，不偏其時，生萬物，容畜禽獸。然後受其名而兼其利，美惡皆成，以養其生。」

㈡獎勵生產，充實國力，安民除害。即所謂「除民之害，以避天殃。田野開闢，府倉實，民眾般。無曠其眾，以為亂階。」

㈢繁殖人口，以裕兵源。即所謂「同男女之功」。

㈣等待時機，乘瑕蹈隙，以謀吳國。即所謂「但時不至，不可強生；事不究，不可強成。自若以處，以度天下……」。

范蠡這個復國滅吳之策，對內是一種富國強兵的「國家發展計畫書」，最難之處在於如何瞞住吳王夫差（當然還有其他計的配合）！「示弱於吳」，使夫差相信越國「完全臣服」，相信越國沒有戰力了。這才是此計的難處，要完全建立在一個「瞞」的基礎上，其他各計也才能配合施展。范蠡做到了，他完勝瞞天過海之計，助勾踐復國，又消滅了祖國的仇邦吳國。

到了范蠡三徒「止於陶」（今山東省定陶、陶山地區），與當地經營生絲的富商周源，有一場生絲價格戰，范蠡取得完勝。（註四）完勝之道也是瞞天過海之計，他觀察當時國際情勢，預知齊魯將爆發戰爭，他「瞞」住這個將要現身的秘密，大量收購生絲，再經由官商關係賣出，獲取極大利益。如是之「瞞天」，正如羅斯福總統瞞住日本將偷襲珍珠港的秘密，以較少犧牲喚起人民的戰爭意識，換取未來全面的勝利，皆同樣計策之妙用。

范蠡以瞞天過海為絖計滅了吳國，另一場現代版滅國之計則正在台灣上演，台獨偽政權也以瞞天過海之計滅了中華民國。可見此計乃謀略中之「倚天劍、屠龍刀」，但握刀者終究是人，為善為惡就看人心了！

第二節　瞞天過海之理論、詮釋與舉例說明

勝戰計

第一計：瞞天過海

【原　文】

備周則意怠①；常見則不疑。陰在陽之內，不在陽之對②。太陽，太陰③。

【按　語】

陰謀作為，不能於背時秘處行之④。夜半行竊，僻巷殺人，愚俗之行，非謀士之所為。昔孔融被圍⑤，太史慈⑥將突圍求救，乃帶鞭彎弓，將⑦兩騎自從，各作一的⑧持之。開門出，圍內外觀者並駭。慈竟引馬至城下塹內，植⑨所持的射之，射畢，還。明日復然，圍下之人或起或臥。如是者再，乃無復者起。慈遂嚴行蓐食⑩，鞭馬直突其圍，比⑪敵覺，則馳去數里矣。

【注　解】

①**備周則意怠**　備，防備。周，周到。怠，鬆懈。

②**陰在陽之內，不在陽之對**　陰，隱蔽、機密。陽，公開、暴露。對，對立、相反。

③**太陽，太陰**　太，極、大。全句意為：最公開的行動裡往往隱藏著最隱密的謀略。

④**不能於背時秘處行之**　背時，趁著沒人在的時候。秘處，隱密之所在。全句意為：不能背著人在隱密之處進行。

⑤**孔融被圍** 孔融，東漢時人（西元一五三～二〇八年），孔子二十世孫。曾任北海相，討黃巾賊，被管亥率軍包圍。

⑥**太史慈** （西元一六六～二〇六年）東漢末名將，於孔融遭圍時奉母命救援。

⑦**將** 率領。

⑧**的** 標的，此指箭靶。

⑨**植** 樹立。

⑩**蓐食** 《方言》曰：「蓐，厚也。」蓐食，飽食。

⑪**比** 音同「必」。及、等到。

【譯　文】

在自認守備周全情況下，難免鬆懈警戒；對於司空見慣的事情，不會產生懷疑。出人意表的策略，本來就不是隱藏在難以窺見的秘密場所，相反的，在眾所皆知的情況下，反而潛藏著重大謀略。

按：施行機密謀略，不必背著人或在隱密之處進行。於夜深人靜時偷竊，或是選在隱蔽的巷中殺人，都是愚蠢庸俗的行為，真正的智謀之士不會這麼做。從前孔融遭黃巾賊圍困，太史慈設法突圍尋求救援，他騎馬執鞭，帶上弓箭，，所率領的二騎隨從，個別攜著箭靶，開門出城。包圍在外的敵軍見到，俱被驚駭，保持警戒關注其行動。不料太史慈等竟牽著馬到城下壕溝，樹立起箭靶開始練射，射完便逕自返城。隔天依然如此，敵軍便開始有的站著、有的躺著看著他們射箭。這種情形重複幾天，終於敵陣中沒人會再起身留意。此時，太史慈便整裝吃飽，揚鞭策馬，直接突破包圍而去，等到敵軍反應過來，他已奔出數里之外，追之不及。

【出　處】

〈永樂大典‧薛仁貴征遼事略〉記唐太宗貞觀十八年兵征高麗一事：太宗分三路。南路越州，大將張公謹。中路青丘道，程咬金、蘇定方為副將。北路太宗御駕兵三十萬。令張士貴前部總管，取松亭關。路過遼東，帝嘆曰：「遼河水，西去長安五千里。」帝有悔心。數日至海岸下寨。帝視海水汪洋無窮，東望高麗，隔海千里，如何得過？悔不納房、杜之言。帝宣諸路總管上御寨，問過海之計。敬德曰：「乞問張士貴。」帝問張士貴的曰：「卿有計否？」士貴曰：「臣當思之。」諸總管皆散。

士貴歸寨，請劉君昴議之：「帝問過海之計，敬德以言窘我，若無，怎奈何？」君昴曰：「乞問仁貴，必有奇謀。」士貴請仁貴至帳下，謂曰：「前者公做平遼論，帝大喜，言若臨陣有折箭之功，當重賜賞。帝宣諸官入御寨，問過海之計，諸將緘口，吾當思之。公莫有其術，教三十萬兵過海。」仁貴見問，叉手遂言：「告總管！今天子只憂大海為阻，難征高麗，仁貴用一計，教千里海水，只來日不見了半點兒。上至太宗，下至小卒，如登平地，安穩過海，意下如何？」張士貴欠身離坐，下帳執仁貴之手，言：「引你去御寨見帝，慢慢說道甚？」仁貴付耳低言道與，士貴大喜。

諸總管都來見帝，太宗再問過海之計有無？近臣奏曰：「有一豪民，近居海上，特來請見駕，言三十萬過海軍糧，此家獨備之。」帝大喜，宣老人至帳上，問其言。帝領百官隨海邊來，見其萬戶皆一彩帳遮圍。其老人東向到步引帝入室，皆彩繡幙，地鋪茵褥。帝坐，百官進酒，帝喜。但覺風聲四面，波響如雷，杯盞傾側，身居動搖良久。帝不曉，令近臣揭帳幙視之，但見清清海水無窮。帝急問曰：「此乃是何處？」張士貴起而奏曰：「此乃臣過海之計，得一風勢，三十萬軍乘船過海，到東岸矣。」視之，果在船上。

敘述薛仁貴瞞著因怯於海水而不願渡海遠征的唐太宗，使之在不知不覺中乘船渡海征遼的事蹟。皇帝為「天子」，故稱之為瞞天過海。

【成功關鍵因素】

此計的關鍵在於「瞞」，先「瞞天」後「過海」，前者是幫助後者的必要手段，

「天」指對自己構成威脅或自己要去欺騙的對象，要善於捉住「天」的弱點施謀設計，「過海」才是最終目的，只要能用「瞞」解除「天」的疑慮或防範，「過海」就容易了。

「瞞天過海」就是製造假象，隱藏真實意圖，趁其不備，而從中取利。應用時必須做到兩點：第一步是成功製造「瞞天」假象，第二步看準「過海」時機。

【歷史案例】：太宗過海征高麗

薛仁貴瞞天妙計

唐代貞觀後期十七年時，唐太宗欲親征高麗平東土朝鮮，要率領三十萬大軍前進討伐。未料到，海上白浪排空、茫茫無窮，一陣又一陣地衝天巨浪拍打著岸邊，整個空間彷彿都在顫抖，大地像在下一秒就要翻動了起來。

心情如浪海般起伏不定，此時的唐太宗憂心如焚，遠望著千里之距的高麗。海邊的風強勁而凜冽，還能感覺到一陣刺骨之寒，太宗的龍袍不斷地被搖盪的風吹動著，他苦思謀略著：「我大唐之國，今欲征服高麗，要如何讓三十萬大軍安然渡過大海呢？」

隨侍在太宗的總管張士貴，感受到君主對戰況的憂慮，於是向將士薛仁貴問計。

薛仁貴苦思一番，終得良策，忽然面有喜色地說：「在下有一計，能讓皇上在不知不覺中渡過大海，順利前往目的地。」

兩天後，張士貴奏見太宗，說道：「啟奏皇上，當地有一富豪老者，願為陛下遠渡重洋之征戰提供完備的軍糧，只希望能為國家盡份心力。」太宗聽聞十分高興，立刻接見這位老者。

在一段詳談後，富豪老者帶領太宗到海邊一處華麗的房屋裡查驗糧食，太宗不疑有他，便跟著前往。領進門後，屋內四周奇異般掛滿了錦繡帷幔，中間還有一張八仙桌擺滿了佳餚和美酒侍候，似乎是有備而來的。於是，老者邀請太宗入席上座，兩人觥籌交錯之間，相談甚歡，張士貴等部屬則在左右守衛待命。

突然一陣陣狂風驟起，將四周壁上的帷幕吹得嘩拉嘩拉作響，桌上的酒杯也搖動傾斜，房屋劇烈地搖晃，天搖地動地，彷彿整個空間都要翻覆。太宗見張士貴等人竟無恐懼之色和慌亂之舉動，便大感疑惑，於是命人立刻拉開帷幕。此時，只見茫茫大海一片，海浪漫捲滔天，一艘艘插滿搖曳於風中的大唐軍旗，滿載於大船上的正是雄壯威武的唐兵，正乘風破浪般，向高麗國前進。

太宗一時不解，便厲聲疾問：「這到底是怎麼回事？」張士貴、薛仁貴等人慌忙跪奏，回答道：「請皇上息怒，我大唐三十萬大軍，正遵照陛下之旨意，出海前往征討高麗。」唐太宗見木已成舟、兵已出發，便不再有任何責怪，繼續與老者相對飲。利用一種製造假象的情境，讓對方失去警戒之心，讓其在毫無防備下，接受策畫者所謀略的真實意圖，以達到出奇制勝的目的。薛仁貴瞞著天子唐太宗渡海，讓他在鬆懈而無懼心中壓力的情況下，慢慢地接受已發生的情勢，在步上正軌後，便能一舉發揮雄心壯志，遠征擊敗對手。

【現代案例運】：北區房屋「我愛媽媽畫媽媽」

二十世紀九〇年代初期，房仲業者在一般台灣民眾心中的概念並不明確，甚至時常被視為三七仔、田僑仔，不被視為一個專業的行業。這時北區房屋的總經理范揚松，為了重新塑造房屋仲介業的形象，在桃園中壢地區開始規劃一系列的活動。

北區房屋先辦了一系列的公益講座，並認養了中壢公園、虎頭山公園以及許多道路的清潔衛生，讓桃園民眾發現「這家公司不錯」、「經常做好多公益活動」，在過程中逐漸減少對仲介業的防禦，慢慢接受北區房屋。

這一串公益活動中，最具代表性的是北區房屋並與桃園縣教育局、可愛之家美容美髮合作，在母親節舉辦的「我愛媽媽畫媽媽」親子寫生比賽。由於是教育局發函舉辦的縣級繪畫比賽，前十名更有捷安特自行車作為獎品，吸引了近五萬人報名參賽。參賽者自行前往主辦單位報名並取得畫紙，完稿後再送回。

對北區房屋來說，每一個報名的小朋友，代表他的父母會帶著小孩踏入他們的店面，如此，不到十天內，北區房屋在桃園的十個據點，湧入了五萬以上的人潮。圖畫紙背面並印上主辦商家的簡介以及服務流程。待小朋友完成作品，他們又會再一次踏入店面，並留下包括地址、電話甚至身分證號碼等報名資料，成為北區房屋珍貴的潛在客戶名單。

評選結果出籠後，每張作品再由業務人員挨家挨戶親自送回，藉由送回參賽作品及發放參加獎——一枝鉛筆——的名義，北區房屋的業務員得以拜訪每一個參賽者的家，從業務角度來看，陌生客戶願意讓你進入他的家，這是非常不容易的事。因此，北區房屋廣布了桃園各地的樁腳。

這整個活動表面上富有公益、教育的意義，但操作過程中佈滿主辦商家的目的性。比賽抓住了孩子渴望被獎勵，以及父母期望小孩成材，雙方都希望被肯定的心理，吸引了可觀的參與人數；藉由比賽規制留住潛在客戶資料；並抓住機會讓客戶貼近、認識商家，親自踏進店面，親眼看到商家的活動行為，卸除本來存在於商家和客戶間名為「陌生」的隔閡；最後由商家主動出擊，培養與客戶之間的信賴感。

可以說公益活動只是「瞞」住客戶（「天」）的耳目，達到促銷目的才是商家真正要過的「海」。一氣呵成的操作模式雖不脫商業目的，但實際上也對社會、社區帶來正面的效益，使北區房屋的形象提升，與社區建立良好的公共關係，整體上來說是雙贏的結果。

第三節　瞞天過海情境：關鍵、執行與練習

對絕大多數的人，在軍事或政治上要大玩一場瞞天過海遊戲，恐怕難有機會碰到。但像北區房屋「我愛媽媽畫媽媽」，大家都有機會，發揮你的創意吧！

瞞天過海的全方位情境（商戰、軍事、政治等），透過關鍵要素、執行問題和九宮格練習，以落實使用者的操作方便，確保「瞞」出亮麗成果，達成所要目標。簡化成以下三種思考練習，提供讀者做反思探索。

瞞天過海要素及反思
——一種「示假引真」的計謀

1. 關鍵要素：

- 對手常備不懈，形成慣性優勢。
- 你採取貌似正常的行動或常態行為。
- 對手關注常態表象沒看穿攻擊意圖。
- 你準備妥當進行攻擊手段。
- 發動攻勢，有效地擊敗對手。

2. 執行的問題：

- 你想發動怎麼樣的攻擊？最終目標？
- 偵測對方的思維及行動慣性。
- 周圍狀況存在甚麼經常發生的事件？
- 你參與其中活動展開系列性佈置了嗎？
- 在司空見慣事件背後隱藏策劃的攻擊？
- 檢視進攻方向與原訂目標是否差異！

3.執行瞞天過海的自主練習九宮格

計前計1	2	3
計中計1	確保 瞞天過海 成功	2
計後計1	2	3

小結

(1)應用特性　在產品市場方面，生產企業在自己的成熟市場上，營銷變得順利起來，通常會對市場的敏感度降低，往往輕敵，需要採取計策提高市場敏感度。在流通市場方面，經銷商在取得名牌產品的市場代理權後，因爲銷售業績不斷增長，往往也會在自己覆蓋的市場上產生麻痹的思想，以爲自己的網絡足可以控制基層市場。在消費市場方面，瞞天過海也可以應用在企業進行新市場的開發，主要是規避競爭者的直接反擊，採取隱蔽的方式與競爭對手競爭，儘量爭取到更多的消費者。

從營銷的角度來說，直接與對手挑起面對面的競爭是比較愚蠢的做法，企業不要到處尋找競爭對手然後發起挑戰。瞞天過海　調比較隱蔽地進行市場活動，符合企業在市場上求生存的平穩原則。在信息化競爭的時代，企業難以在市場上孤軍奮戰，也不要成爲眾多競爭對手的靶子。

(2)**市場基礎**　通常實施在企業的重點市場上，一般都是在企業銷量最好的市場，距離企業最近，有運距和調貨優勢。條件具備時，也可以在企業的新開發市場上實施。

(3)**產品定位**　市場是本企業產品適銷對路的市場；本企業產品的知名度比較高；競爭到來時，產品需要多元化。

(4)**營銷目標**　競爭對手的產品已經進入市場，需要保證本企業產品銷量的平穩上升；以平穩的方式攔阻競爭對手的產品銷售；以突然性的效果，讓對手陷入銷售的困境，或者悄然進入對手的市場，組織實施營銷活動。

(5)**準備措施**　產品在銷售季節前，暗中調整產品的配方或者以「分品牌」進入市場，在旺季銷售時主推新產品；企業暗中增加市場儲備量，做好基層儲備的工作，採取基層零售門店的佔位效應；在市場儲備低價格產品。

(6)**措施實施**　銷售旺季集中精力在基層促銷，蠶食對方的市場份額；促銷活動直接下鄉，面對農民；不要大張旗鼓地作廣告宣傳，儘量多爭取零售商的支持，試驗示範到種田大戶的田裏去，讓大戶們看到使用效果。

【附　註】

註一　喬良，〈新解三十六計〉，二〇〇八年四月十二日，在揚州鑑真圖書館講。詳見《人間福報》二〇〇八年九月七日，第八、九版。

註二　李海波，《道商范蠡——陶朱公興國富家的人生智慧》（北京：化學工業出版社，二〇一七年元月），〈入門之師：低調而神秘的計然〉。

註三　《中國歷代戰爭史》第二冊（台北：黎明文化出版公司，民國六十五年十月），頁六〇～

六一。

註四　范聖剛、范楊松，《商戰春秋陶朱公》（台北：聯合百科電子出版有限公司，二〇一九年十二月十五日），頁八二～八五。

第二章 圍魏救趙

「圍魏救趙」一計，是我國戰國時代大兵法家孫臏所創用。古今中外除孫臏善用此計外，另如唐朝李泌獻計平叛軍、三國時曹操和袁紹官渡之戰雙方四次用此計、太平天國李秀成救天京（今南京）、孔明多次用此計退曹軍、東漢班超智勇結鄯善、明代王守仁解安慶之圍等。

在西方歷史上，如西元前三世紀迦太基軍隊統帥漢尼拔飲恨卡普蘭城、拿破崙被迫退位、以色列侵佔西奈半島，一九九〇年美軍「打伊救科」等，都是「圍魏救趙」的戰略運用。

在非軍事領域（如政治、商場等）運用也常見。圍魏救趙的奧秘在避實擊虛、以攻為守、以迂為直，攻其所必救，商場上一般「冷門」是虛，「熱門」是實。有腦袋的商人往往避「熱」趨「冷」，「冷門」市場一旦打開，常會開創新天地，創建新商機或救活一個將要倒閉的企業。

第一節　范蠡與圍魏救趙

圍魏救趙基本操作時機模式

圍魏救趙的核心思維是「攻其所必救」，這是「裂解」對手（敵人）的法門。對於實力集中又強大的敵人，不能直接去攻擊，將其裂解、分散各處，削弱其戰力後，再相機逐一消滅。或面對分散的敵人，阻其合兵（會師、聯合），乘其分散時殲滅敵之有生力量。

與其攻擊士氣高昂之敵軍，不如分散其兵力，乘敵分散戰力不足時，一舉殲滅才是上策；也不要攻擊正面列陣的敵人，須以迂為直、顛倒正面，從敵之後方或側翼發動攻擊，最能取得輝煌戰果。

圍魏救趙擴大運用時機模式

擴大圍魏救趙操作思維，使如同「治水」道理一樣，須順勢而為。當碰到來勢洶洶的強敵來襲，須避其鋒銳，如疏導洪水，使其分流（分散）而去，再相機個個擊滅，這是擊滅強敵的好辦法。

強大集中的敵軍勢力，裂解成分散弱勢的敵人，要乘其衰頹，毫不留情的把握戰機，消滅吞噬之。正如同築堤圍堰，把水流截住，不使它流走（圍殲）。

圍魏救趙的核心思維是攻其必救和分解對手實力。如糾纏在一起的兩造，欲排解不能參與其中，會變成三方亂局，對付敵人亦如是，要攻其必救（弱點、要害），使其喪失戰鬥能力。由此一思維擴大運用現代時機模式，賓拉登對美國本土發動「九一一攻擊」，是現代超經典之圍魏救趙，開創「第四波戰爭」新模式。（註一）而北韓金正恩多次揚言以核武攻擊美國或日本本土，則是「尚未執行的圍魏救趙」。可見此計在現代戰爭，或任何競爭場域，皆大大好用！

范蠡的圍魏救趙

研究范蠡「興越滅吳」的戰略過程，他也緊抓圍魏救趙的兩個核心思維，攻其必救和分散吳軍戰力，並配合其他計（如調虎離山、反間計等），成功的導吳軍北進中原，耗損其國力，並乘其國內空虛，起兵擊滅吳國。

為「導吳北進中原」，范蠡對吳王君臣下了很多工夫，伯嚭是范蠡佈在吳王夫差身邊的內間。伍子胥主張先滅越再北進中原（甚至反對北進），他向夫差諫曰：

夫齊魯之與吳也，習俗不同，言語不通，我得其地不能處，得其民不能使。夫吳之與越也，接土鄰境，交通屬，習俗同，言語通，我得其地能處之，得其民能使之，越於我亦然。夫吳越之勢不兩立，越之於吳也，譬若腹心之疾也，雖無作，其傷深而在內也。夫齊魯之於吳也，疥癬之疾也。今釋越而伐齊魯，雖勝之其後患未央。夫越王不忘敗於心也，惕然服士，以伺吾隙。今王不以越國是圖，而圖齊魯，是忘內憂而醫疥癬之疾也；齊魯豈能涉江淮而與我爭此地哉？……而又三年聚材，五年工作，高高下下，以疲民於溝瀆與姑蘇台池。天奪吾民之食，都鄙荐飢，今王卻居姑蘇之台為長夜之飲，又將違天以伐齊魯，則吾民離矣……

王其時將無方收之矣。（註二）

伍子胥給夫差陳述的問題，都是范蠡所製造出來，表達越國的恭順臣服，積極幫助夫差北進中原；另一方面，鼓舞夫差大造宮室，西施的美人計也發功，「王卻居姑蘇之台為長夜之飲」。但伍子胥說的有道理，好像夫差也聽懂了，不料伯嚭向夫差進言又打敗了伍子胥：

越已服而欲伐之，方許其成又欲襲之，將何以示諸侯？君王之令所以不行於上國者，以齊魯未服也。君王若伐齊而勝之，移其兵以臨晉，晉必聽命矣。是君王一舉而服兩國也。兩國服，則君王之令行於上國矣，又何懼於越？（註三）

夫差終於中計，於周敬王三十五年（前四八五年）率大軍北進中原，國內只留少數老弱兵力守國。至周敬王三十八年（前四十二年），吳王夫差與晉定公在黃池爭勝，在這節骨眼上，越國大軍攻入吳都姑蘇，夫差雖急忙回軍，已是無力回天。這種情境正如百餘年後，孫臏的圍魏救趙，孫臏以齊軍圍困魏國都，迫使龐涓從趙國回軍救自己的國，長途強行軍必使兵力分散，成為一支疲弱之軍，孫臏乃在半途設伏兵殲滅了龐涓的主力部隊。

第二節　圍魏救趙之理論、詮釋與舉例說明

勝戰計

第二計：圍魏救趙

【原　文】

共敵不如分敵①；敵陽不如敵陰②。

【按　語】

治兵如治水③，銳者避其鋒，如導流；弱者塞其虛，如築堰。故當齊救趙④時，孫子⑤謂田忌⑥曰：「夫解雜亂糾紛者，不控⑦拳；救鬥者，不搏⑧擊；批亢⑨搗虛，形格勢禁⑩，則自為解耳。」

【注解】

①**共敵、分敵**　共，集中。分，分散。

②**敵陽、敵陰**　敵，動詞，攻打。陽，正面，公開，先發制人。陰，側面，隱蔽，伺敵而後動。古代兵家認為在戰爭中，先動之戰略為「陽」，後動之策略為「陰」。〈李衛公問對直解・卷中〉：「後則用陰，先則用陽，此兵以先為陽，以後為陰也。盡敵陽節者，此待敵陽氣之衰也。盈我陰節而奪之，盛我後軍之陰氣，而乘彼陽氣之衰而奪之也。此兵家陰陽之妙也。」

③**治兵如治水**　〈孫子・虛實〉：「夫兵形象水，水之形避高而趨下，兵之形避實而擊虛；水因地而制流，兵因敵而制勝。故兵無常勢，水無常形。能因敵變化而取勝者，謂之神。」

④**齊救趙**　指西元前三五四年齊魏間的桂陵之戰。時魏軍圍趙都邯鄲，趙求援於齊，在孫臏謀畫下，齊逼魏都大梁，迫使魏回師自救，解趙之危。

⑤**孫子**　孫臏（？～西元前三一六年），戰國時期軍事家，因受臏刑（剔其膝骨）而名之。為齊威王所用，助齊贏得對魏的桂陵之戰與馬陵之戰。

⑥**田忌**　戰國時齊人，桂陵之戰的齊軍主將。

⑦控　抓緊。

⑧搏　打。

⑨批亢　批，用手打擊。亢，咽喉，喻要害之處。

⑩形格勢禁　格、禁，受阻礙。

【譯　文】

與其攻打集中的正面之敵，不如先用謀略分散敵人兵力，然後各個擊倒；與其主動出兵攻打敵人，不如迂迴到敵人弱勢一方，伺機予以擊敗。

按：治兵如同治水，遇到來勢兇猛的敵人，須避其鋒芒，如同疏導激猛的水流；遇到相對弱小的敵人，則要抓準縫隙，如築堤壩堵水，不讓其有壯大的機會。所以昔日桂陵之戰，齊國援救趙國，孫臏向田忌說道：「要解開糾纏的絲線，不能緊握拳頭；想調解紛爭，不能一同跳下去打鬥。只要針對事物的要害弱點下手，使其形勢受制，如此對手便會自然走向瓦解之途。」

【出　處】

語出戰國時代孫臏「圍魏救趙」齊魏桂陵之戰故事，見〈史記・孫子吳起列傳〉：

……魏伐趙，趙急，請救於齊。……乃以田忌為將，而孫子為師，居輜車中，坐為計謀。田忌欲引兵之趙，孫子曰：「夫解雜亂紛糾者不控捲，救鬥者不搏撠，批亢擣虛，形格勢禁，則自為解耳。今梁趙相攻，輕兵銳卒必竭於外，老弱罷於內。君不若引兵疾走大梁，據其街路，衝其方虛，彼必釋趙而自救。是我一舉解趙之圍而收獘於魏也。」田忌從之，魏果去邯鄲，與齊戰於桂陵，大破梁軍。

而「圍魏救趙」計名的最早出處可見於《三國演義》三十回，有「此孫臏圍魏救趙之計也」之語。

【成功關鍵因素】

此計主張面對兇猛的強敵，不與敵正面交鋒，一味硬碰，無意於以卵擊石，不如避其鋒芒，分散對方的力量再攻擊，當敵人被迫兩面作戰，自己就有機會擺脫弱勢與險境，逆轉戰局。

此計要訣在於避實就虛，「避實」是避開敵人占優勢的一面，「就虛」是利用被敵人忽視的一面，「避實就虛」亦即避開敵人的堅實之處，攻擊敵人沒有防備的虛弱部位來間接地牽制敵人，以達到目的；準備和對手正面衝突的同時，又在其後院放火，使其首尾不能相顧，然後乘其亂而進擊。

在此需注意，「避實就虛」並不是說對敵之「實」就避而不打，而是透過擊敵之「虛」，調動、分散、削弱敵人之「實」，使其「實」轉化為「虛」，用計者再集中力量殲滅它。

運用此計應把握幾點：⑴巧妙的選擇突破口，即敵人薄弱的環節，但又是敵人不可失去的部位，攻擊它可用來牽制、威脅敵人。該要點與此計的基本思想——「攻其所必救，殲其救者」相合，突破口就是敵人必救之處；⑵採取迂迴進攻的策略，在幾何學中，兩點之間的距離最短，但作戰上，最直接的方式不一定有效，若避開敵人鋒芒，繞到敵人背後打擊要害，敵人就不得不放棄原來的目標，此策略將轉化敵我雙方地位。

【歷史案例】：孫臏圍魏救趙

周顯王十五年（前三五四年），魏惠王派將軍龐涓率兵圍攻趙國都城邯鄲（今河北），兩軍相持一年之久，軍力已大量消耗。趙國因而向齊國救援，齊威王遂命令田忌為將，孫臏為軍師，率約十萬大軍援救趙國。

起初田忌想直搗邯鄲參戰，但孫臏卻提出了「批亢搗虛」、「圍魏救趙」之計，建議田忌改採進攻魏都大梁（今河南開封西北），以調動龐涓之軍回師自救，齊軍便可在魏軍回歸途中，予以伏擊，如此一來除可解趙國之危，又能順勢擊潰魏軍，因此田忌採納孫臏的建議。

果然，龐涓在大破邯鄲後，收到齊軍攻打大梁消息，留下部分軍力守邯鄲，另率領其他已疲憊不堪魏軍快馬加鞭回救大梁，但當部隊行進到桂陵（今河南長垣北）時，卻遭到齊軍伏擊，齊軍以逸待勞，出奇不意，又占據有利地形，輕易地擊敗魏軍，並擒獲龐涓，迫使魏國同趙國講和，將邯鄲歸還趙國，一舉解趙之危，又收弊於魏，一箭雙鵰。

【現代案例】：維珍圍攻英航，開拓大西洋航空版圖

一九八〇年代，多家新興航空公司在英國挑戰「英航」均告失敗，「英航」幾乎擁有壟斷大西洋航空市場的地位，讓競爭者不敢越雷池一步。當「維珍大西洋航空」想要開闢大西洋航線時，許多專家均表懷疑，不給予看好，且「維珍航空」也面臨許多不力因素：資金、能力、政治影響、經驗、訂票系統等等，皆居於弱勢地位。

但山不轉路轉，「維珍航空」創下先例，勇於冒險，把自己的品牌投入「搶大西洋航線客源」戰局中，引來了強大的新盟友支持。

首先，專家皆認為以「英航」的規模與聲譽，幾乎能擊退所有的「直接競爭者」，但「維珍航空」隸屬於「維珍集團」下，利用維珍集團旗下在音樂市場上占有極重要地位與品牌名聲的「維珍唱片」，做聯合對抗。所以「英航」不只面對「維珍大西洋航空」，更是面對了「維珍唱片」，只要「維珍唱片」賣出一張唱片，都是在幫「維珍航空」賺得乘客。同時「維珍集團」版圖更擴及無線電、電視、旅館等行業，因此「英航」不再只是對付「直接競爭者」，而須分身乏術面對「維珍集團」與其他「直接競爭者」的多方攻擊，因而無法輕而易舉擊敗「維珍航空」。

此後，「維珍大西洋航空」業績蒸蒸日上，航線不僅只於大西洋航線，更擴展到亞洲、澳洲。「維珍集團」利用既有行業保護到另一新興行業，不僅不耗損資源，更達到雙贏結果。

第三節　圍魏救趙情境：關鍵、執行與練習

圍魏救趙在各領域（政、軍、經、心）都可普遍運用，只要用心領會「攻其所必

救」、「分散敵軍」、「以迂為直」、「避實擊虛」的核心法門。本節再從技術面、操作性進行思考練習，以收學習效果。

透過關鍵要素、執行問題和九宮格練習，可以確保「圍」出亮麗的戰果，達成所要目標。簡化成以下三個表，方便思考和操作：

圍魏救趙要素及反思

——一種「間接制敵」的計謀。

1. 關鍵要素：

・充分掌握對手虛實及威脅點。
・同對手直接交鋒，攻防激烈。
・你的盟友攻擊你的對手的另一弱點。
・對手擺脫與你的交鋒以求自保。
・運用聯盟分工分進合擊。
・對手陷兩面交鋒，擴大了成功機會。

2. 執行的問題：

・除了你，對手還關注誰？誰還能影響對手的成功？（盡可能地列舉）

・考慮過競爭者或者是其他部門／業務嗎？
・評估對手在乎這些部門／地區嗎？
・那些「聯盟」如何攻擊你的對手？
・對手會怎麼樣反應？資源假設？

3.執行圍魏救趙的自主練習九宮格

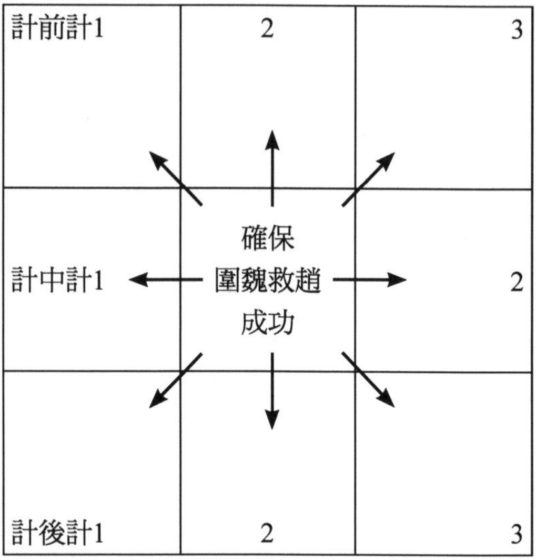

小結

(1)應用特性 面臨競爭對手在市場上的面對面的直接競爭，企業自己的主市場有可能受到威脅，甚至銷量開始減少，企業可以採取圍魏救趙的方式，到競爭對手的主市場或者去該企業的周邊市場去進行規模性的促銷，開展不同市場的競爭。從營銷角度說，圍魏救趙的意義還在於市場的擴展，企業只有走出去，目光才能夠遠大，才能夠接受競爭的歷練，到更大的市場競爭才是企業發展的方向。

(2)市場基礎 對方銷量最大的市場，也是本企業產品的市場；對方具有品牌優勢，有相對固定的消費群；本企業在對方市場有一定的知名度。

(3)產品定位 選擇本企業具有針對性競爭力的產品進入對方市場；進入市場的產品要能夠先聲奪人，銷量能夠迅速增長並且穩定下來。

(4)營銷目標 進入對方市場銷售；取得一定的品牌優勢；開展對比式的產品試驗示範；引起對方的高度關注；取得一定的銷量和利潤。

(5)準備措施 準備市場調研報告和營銷策劃；進入市場的產品要精，鋪貨量要小，防止剩貨；成立銷售小組，提前在市場作營銷準備；走訪對方的客戶，爭取對方的網路支持。

⑹措施實施　廣告先行，產品廣告效應要聲勢浩大，造成搶占市場的印象；旺季集中促銷，組織各種活動；確定合理價格，迅速出貨銷售，迅速結束旺季銷售。

【附　註】

註一　陳福成，《第四波戰爭開山鼻祖賓拉登》（台北：文史哲出版社，二〇一一年七月）。

註二　《中國歷代戰爭史》第二冊（台北：黎明文化事業有限公司，民國六十五年十月），頁六二。

註三　同註二。

第三章　借刀殺人

在我們中國的常民社會中，可能是三十六計中除「走為上計」外，以「借刀殺人」為最流行的口語（成語）。似乎阿狗阿貓都懂得怎樣使用此計！必要時也可借來一用，只是「夜半行竊，僻巷殺人，愚俗之行，非謀士之所為也」。屬於愚夫的個人情仇所使借刀殺人，只做想像而非本計施展的範圍。

這裡的借刀殺人，主要在軍事、戰爭、政治鬥爭、商場競爭，擴大到國際間爭勝、強權爭霸，為成功立業而施展本計。在吾國之三國時代，曹操、孔明、司馬懿都用此計，殺掉不少「眼中釘」。滿清皇太極借明崇禎除掉袁崇煥，另如晏子二桃殺三士、竇嬰借機誅晁錯、劉秀巧除心頭之患、宋太祖殺敵臣滅南唐等，都是歷史上著名「借刀殺人」案例。國共內戰時，雙方用此計製造不少冤魂，如許繼慎冤死張國燾之手等。

在《聖經》記載一則以色列國王大衛奪人之妻。二千多年前，大衛（公元前十世紀以色列聯合王國的第二任國王）率軍入侵葉門人國土，包圍了葉門國都拉巴城，準備發動另一波攻勢。某晚，大衛帶著貼身衛士到郊外散步，突然發現一女子在溪流中洗澡，只見她美貌絕倫，大衛不禁春心蕩漾，完全被這女子迷住了。

大衛派人跟蹤打聽，原來她是赫人烏利業的妻子，名叫巴示芭。大衛決心要把她弄到手，心中浮現「借刀殺人」之計，大衛很快把烏利業召來王宮，給他一道命令說：「現在戰況緊急，你把這密信送到前線，親手交給約押元帥。」烏利業快馬送到。約押元帥打開密信一看，上面寫著：「派烏利業到最前線，當敵人殺過來時，你們先後退，單獨留下烏利業，讓敵人把他殺死。」

烏利業陣亡了，不久，巴士芭成了大衛的王妃，這是人性中最邪惡的一面，發生在以色列國王身上。是「借刀殺人」的負面示範。

第一節　范蠡與借刀殺人

借刀殺人基本操作時機模式

目標（敵人、競爭者）已經明確，而與我方相同立場（或不相衝突對立的次要敵人、暫時的友軍等）的陣營，尚在徘徊觀望，就要誘導去和主要敵人相火拼，避免親自出手，以保存（節約）自己的戰力。

敵我戰略態勢已經明顯，此時若有另一股勢力正在壯大，且有所作為，看似有同台競爭的實力；應儘快把握時機，借這股力量去摧毀敵人。

借刀殺人的基本思維，是為了保存自己的實力，不親自出手而能達成目標。所以必須巧妙利用各方利益和衝突，誘使他方（次要敵人等），幫我方消滅主要敵人。

借刀殺人擴大運用時機模式

借刀殺人之所以成為好用之計，在於一個「借」字，借力使力，借錢使錢，不須自己出手，不動用自己資源。所以有很多擴大運用機會，連《格林童話》都在告訴小朋友怎樣用「借刀殺人」之計。

從前從前，有個小裁縫為生計不停向前走，走到王宮外的草坪，太疲倦就躺著睡著了。正好王宮衛兵走來發現他，看到他腰帶上寫著「一下打死七個」字樣。原來小裁縫曾以一塊抹布，一下打死叮在麵包上的七隻蒼蠅。衛兵以為他是一下打死七個人的英雄，便將他迎入王宮，被國王留在宮中，以備有大用。

不久小裁縫受到排擠，衛兵集體去向國王辭職，國王不願失去衛兵，又怕小裁縫發威一下打死七個人。國王對小裁縫說：「森林裡住著兩個巨人是大壞蛋，你要為民除害，去殺了這兩個巨人，公主就嫁給你做妻子，你可以帶百名騎士當幫手。」

小裁縫帶著騎士走到森林邊上說：「你們在此等著，我先和巨人單獨較量。」小裁縫果然發現兩個巨人在一棵大樹下睡覺，他揀了兩口袋石子爬上那棵樹，穩坐樹枝後，往一個巨人身上扔石子。那巨人醒來推旁邊巨人說：「你幹嘛打我？」旁邊巨人說：「我沒打你。」接著他們又睡了。於是，小裁縫又往那個巨人投石子，他終於動怒：「你為什麼又打我？」另一個矢口否認，大吵一陣又睡著了。不久，小裁縫又故伎重演，終於兩個巨人大打起來，打到天昏地暗，日月無光，最後兩個死巨人躺在地上。

故事中，國王想用借刀殺人之計除掉小裁縫，但失敗了。小裁縫也用借刀殺人之計，製造兩巨人間的對立情緒，讓他們對戰雙亡，這個借力使力太高明了。

范蠡的借刀殺人

狹義的借刀殺人，單指借他方之手，「殺」掉（或打敗）一個對象，這個「對象」是敵人或競爭者。用於戰爭、政治鬥爭或商場策略，都是好用的「刀」。

廣義的借刀殺人擴大了運用範圍，仍不離「借力使力」消滅對手，借他方之力（人力、物力、財力、兵力、國力），損耗敵之人力、物力、財力、兵力、國力，最終使敵國滅亡。范蠡的借刀殺人之計，屬於此種「大戰略形態」的借刀殺人。分述如下：

第一、借越國牽制吳國，以實踐楚國「聯越制吳」政策，同時反制晉國的「聯吳制楚」戰略。（註一）這是范蠡從年輕時代與文種奔往越國，就想要對自己祖國（楚）有所貢獻的心願之完成。在《越絕書》記載曰：

君子違時，不入仇邦，忌反攻其故國也。為雪今日之恥，而又不失故國之

親，無已，其往越乎！……然越與吳相鄰，同風共俗，霸業創立，非吳即越。君如去越，蠡願隨供犬馬之役。（註二）

總的檢視范蠡這計「大戰略形態借刀殺人」，是完步成功的。不僅產生「聯越制吳」效果，且「殺」了吳國，解除祖國（楚）之大外患，又破解了晉國「聯吳制楚」戰略，使楚國北進中原而無後顧之憂。

第二、導吳北進爭霸，借齊、魯、晉、陳等諸國之刀，殺掉不少吳王夫差的主力部隊。而最嚴重是殺掉吳國大量國力，到了周敬王三十八年（前四八二年），吳王夫差正和晉國爭勝之際，范蠡率軍襲擊吳都姑蘇，吳軍急忙從黃池（今河南封丘縣南）回國，已無力和越國抗衡，只能求和，因為國力大大損耗無力再戰。

第三、借吳王夫妻之刀殺掉伍子胥。夫差身旁兩個大臣，伍子胥和伯嚭，伍子胥反對夫差北進爭霸，且極力主張先滅越國，因為他看透了勾踐和范蠡的陰謀，必是吳國大外患。反之，伯嚭投夫差所好，認為越國恭順無憂，且應北進中原爭霸。所以范蠡很清楚，伍子胥必須儘早除掉，經長久鬥爭佈局，終於借吳王之刀殺了伍子胥。《史記》（越王勾踐世家）記述子胥最後之死。（註三）

子胥諫曰：「願王釋齊先越」，吳王弗聽。遂伐齊，敗之艾陵，虜齊高、國以歸，讓子胥。子胥曰：「王毋喜」王怒，子胥欲自殺，王聞而止之。越大夫種曰：「臣觀吳王政驕矣，請試嘗之貸粟，以卜其事。」請貸，吳王欲與，子胥諫勿與，王遂與之，越乃私喜。子胥言曰：「王不聽諫，後三年吳其墟乎。」太宰嚭聞之，乃數與子胥爭越議，因讒子胥曰：「伍員貌忠而實忍人，其父兄不顧，安能顧王，王前欲伐齊，員強諫，已而有功，用之反怨王，王不備伍員，員必為亂。」與逢同共謀，讒之王，王始不從，乃使子胥於齊，聞其託子於鮑氏，王乃大怒曰：「伍員果欺寡人。」役反，使人賜子胥屬鏤劍以自殺。

夫差終於賜伍子胥以死，對越國而言是最大的安全保證。若子胥不死，那天夫差又「聽懂了他的話」，不僅沒機會滅吳，換成越國有亡國之禍。可見得，范蠡這計「借刀殺人」的重要，完勝成功，成為歷史頌揚的典範，也不得不佩服范蠡之善於借力使力。

縱觀范蠡一生，一個窮二代（比筆者還窮），竟能出將入相，從商成財神，也可謂借力使力所致。把天下可用資源借來己用，這才是借刀殺人的最高境界。

離了國家這個大舞台，范蠡和伍子胥並無私仇，他們相互敬重對方，伍子胥稱范蠡「聖臣」，子胥則是范蠡心中的忠臣。後來范蠡到齊國創立「鴟夷子皮」商號（也是自己的名號），就是在紀念伍子胥。當初夫差賜死伍子胥，用鴟夷子皮（一種牛皮袋）裝其屍體，沉之於江。（註四）今范蠡自號鴟夷子皮，大約是想像著兩人「同體」吧！以告慰伍子胥，靈魂得以安息！

第二節　借刀殺人之理論、詮釋與舉例說明

勝戰計

第三計：借刀殺人

【原　文】

敵已明，友未定。引友殺敵，不自出力，以損①推演。

【按　語】

敵象已露，而另一勢力更張，將有所為，便應借此力以毀敵人。如鄭桓公將欲襲

鄶②，先向鄶豪傑、良臣、辯智、果敢之士，盡與姓名，擇鄶之良田賂之，為官爵之名而書之，因為設壇場郭門之處而埋之，釁之以雞猳③，若盟狀④。鄶君以為內難⑤也，而盡殺其良臣。桓公襲鄶，遂取之。諸葛亮之合吳拒魏，及關羽圍樊、襄，曹欲徙都，懿及蔣濟說曹曰：「劉備、孫權，外親內疏，關羽得志，權心不願也。可遣人躡其後⑥，許割江南以封權，則樊圍自釋。」曹從之，羽遂見擒。

【注　解】

①**損**　《周易》中第四十一卦。《易經‧損》：「彖曰：損下益上，其道上行。」論述損與益間存在一種轉化關係，此處指盟友的損失可為己方帶來利益。

②**鄶**　今中國河南省新鄭西北，密縣東南。據《今本竹書紀年》所載，周平王四年，鄭國滅鄶國。

③**釁之以雞猳**　釁，古代祭祀時，把牲畜的血塗在器皿上，用來祭祀神靈稱為「釁」。猳，公豬，泛指豬。

④**若盟狀**　彷彿要結盟的樣子。

⑤**內難**　內亂。

⑥**躡其後**　跟在後面。此指勸孫權攻擊關羽的後方。

【譯　文】

敵方情況已經很明確，而盟友的態度卻還是保持懷疑、觀望的態度，此時，便可以誘使盟友去消滅敵人，不必自己付出代價，讓盟友的損失給自己帶來了更多利益，如同《易經・損》卦所示。

按：敵方已確定是誰的時候，又出現另一股敵友未明的勢力正在擴張，可能將對己方與敵方之間的關係造成變數，此時應借用這個勢力的力量先摧毀敵人。如西周時鄭桓公打算侵略鄶國之前，先探知鄶國的豪傑、良臣、智謀之士等有能之人的姓名，列出名單，上面註記將以鄶國何處的美地賄賂，又要分封什麼官銜；再設立祭壇，將名單埋入祭壇之下，以雞豬祭祀，彷彿與之立誓結盟的樣子。鄶國國君因此以為這張名單上的臣子都與鄭國勾結，打算叛變，而將他們盡數處死。待有能之士盡死，鄭桓公輕易地併吞了鄶國。三國時諸葛亮聯合孫吳對抗曹魏，魏落於下風，關羽的軍隊圍攻樊城、襄陽時，曹操打算遷都。司馬懿和蔣濟說服他：「劉備和孫權表面上看起來很親近，實際上卻互相忌憚對方，關羽得志，孫權勢必不願如此。可派人前去勸孫權襲擊關羽後方，並許諾將江南讓給他，這樣一來，樊城和襄陽自然能從關羽的包圍中解危。」曹操聽從他們的意見，於是關羽果然被擒。

【出 處】

此計名出自於明代戲曲《三祝記》：「這所謂借刀殺人，又顯得恩相以德報怨，此計何如。」該劇說的是北宋時期，范仲淹的政敵密謀策畫，讓沒有打仗經驗的范仲淹領兵征討西夏，其目的是借兵強馬壯的西夏軍隊這把「刀」除掉范仲淹。

【成功關鍵因素】

本計含義：借他人之手，來消除對手，這是代打者的計謀，即所謂常出現的A方利用B方來消滅C方的策略。藉由間接的方式來危害敵方，而無須使自己曝光，是完美不在場的利用傀儡之計。基於借來的資源或第三者巧妙的投入，便可達到我方的目的。這是種掩蓋計、離間計，也可說是逃避計，可將自己的損失降到最低程度。

計策應用：「借刀殺人」是為了保存自己的實力，巧妙運用矛盾謀略，借助盟友的手，去打擊對手，讓我方絲毫不損。「借刀殺人」之計著重在「借」字上，借助對手的力量為我方代勞，蒙騙對手為我所用。在行銷策略上，常被廣為使用。

商戰應用：此計多見於在封建時代，官僚們爾虞我詐、互相利用的一種政治手法。在軍事上，主要是善於利用第三者的力量，運用及製造敵人內部的衝突。保持實力，避免自己的主力遭到損害，巧妙地反間入對方，便可達到取勝目的。在企業的應用上，「借刀」有更廣泛的使用內涵，如借資金、借人才、借設備、借資源、借土地等，借用他方對自己有利的條件，來壯大和發展我方的企業，才能更有力量戰勝對手。

【歷史案例】：曹操巧借孫權　滅強敵關羽

三國時代，魏之曹操、蜀之劉備、吳之孫權三個政權，是強權鼎立相抗的時代。劉備手下的第一大將關羽，率領大軍攻擊魏國領土，將樊城包圍時，曹操馬上派遣援軍，卻遭關羽輕易地擊敗，導致樊城陷於孤立。若樊城落入關羽手中，魏京許都就會有危險。曹操聞訊，對關羽的聲勢甚為惶恐，因此匆促地準備遷移國都至遠方。

在此時，曹操的作戰參謀司馬仲達向他進言：「依照情勢看來，現今之計，我們可以利用孫權來除掉關羽，因為孫權也害怕關羽日漸強大的勢力。我方若開出條件，將關羽所攻佔的領土分割，以長江以南的土地給予孫權，請他出兵並以此作為交換條件，從關羽的背後趁勢襲擊。如此一來，可以不費我方任何軍方，就可以解除樊城之圍了。」

曹操認為此計策很可行，便立即派人向孫權提議合作方案。孫權得知可以攻擊關羽又可以擴張領土，當然無異議地接受曹操的要求。於是孫權秘密地派官佔領了關羽的根據地——江陵，關羽不得已，只好撤退了對樊城的包圍。雖然已撤兵而返，但不久後江陵也陷落了。

於是，曹操成為大贏家，運用「借刀殺人」的策略，借孫權之力，來使強敵關羽慘遭滅亡。這就是利用第三者（敵人）的力量來攻擊敵人，可以保存自己的實力作備戰，不假自己之手，便可使敵人崩離滅亡。

【現代案例】：微軟與Google的「搜尋」大戰

在「搜尋界」被稱為神的Google，可說當代技術，為人津津樂道的話題之一。「Everything with Google！」也成為「搜尋界」必定朝聖的專有名詞了！在Google裡，不管是國家大事、鄉野奇聞，只要你想得到的，你都可以在上面搜尋得到。難怪Google敢大聲說，沒有任何資訊，能逃出他的「手掌心」。

強大的搜尋能力，為Google帶來龐大的商機與利益，也逐漸占領在搜尋技術的地位。這對同時也有「搜尋引擎技術」的微軟來說，可說重重地在身上劃了一刀。身為軟體界的龍頭，微軟當然不可能坐視不管，默默地讓Google坐享「搜尋」這塊大餅，於是這場「搜尋大戰」也就此展開了。

目前，Google以四十八%的市場占有率，牢固占據「互聯網搜索」和「在線廣告市場」的領頭羊地位，把微軟遠遠甩在後面。雖然微軟的Windows平台已可獨霸全球個人電腦市場，但在網路世界卻吃不開。眼看網路廣告這塊肥肉被Google狂吞猛噬，微軟若想分一杯羹的話，只好聯合第三勢力——雅虎——才能與Google相抗衡。

為此，軟體巨擘——微軟，誇下海語，願以四四六億美元（約一．四兆台幣）收購入口網站雅虎公司。聯合次要敵人，打擊主要敵人——Google，力拼「誰才是網路搜尋界的龍頭老大」。微軟這番狂語，引來各方關注，也引來Google的關切。

雖然，這場「世紀最大的網路聯姻」，在微軟與雅虎談不攏及Google作梗下，宣告破局。但這場「搜尋大戰」，卻沒因此而落幕，反而雙方更積極想要拉攏這位關鍵的第三人。

經過幾番波折下，雅虎終於在二〇〇九年七月二十九日與微軟共同宣布達成十年合作協議，雙方的搜尋事業將緊密結合，聯手挑戰Google的搜尋霸業，微軟將為雅虎提供技術與資金，雅虎則成為兩家公司搜尋廣告（search ads）的全球行銷尖兵。

雅虎執行長巴茲（Carol Bartz）女士說：「這項協議將為雅虎、使用者與業界帶來豐富的價值，為網際網路創新與發展的新年代奠定基礎。」微軟執行長鮑默（Steve

Ballmer）則說：「微軟與雅虎深知網路搜尋潛力無窮，這項協議衍生的規模與資源，將協助我們開創網路搜尋的未來。」

這項協議，不僅為兩家公司帶來新的商機，也讓Google不可動搖的地位，為之撼動，為網路界更添生新的契機。雖然這件事還在發生中，也還沒能這麼快落幕！但我們可以說，微軟這招「借刀殺人」也算是成功了！

評論：「借刀殺人」可說商場最常被拿來使用的，利用次要敵人，來打主要敵人，不僅自己獲利，也無任何損失。

在這案例中，我們看到微軟很聰明知道，唯有跟次要敵人——雅虎結盟，才能撼動Google這個網路巨人。雖然歷經併購案失敗，但微軟仍不放棄這把「能撼動Google的刀」，頻頻對雅虎送秋波，最後也得到這個有利的戰友。

在「借刀」部分，微軟有了這個全球數一數二的網路通路做支援，在推行他的搜尋技術可說是更為暢通，也讓大眾更能知道微軟不僅僅是系統的龍頭，更可以成為網路的霸主；而「殺人」部分，他讓久未更動市佔率些些改變了，據報導，在兩家公司策略結盟後，Google市佔率下滑兩個百分點，相對兩家公司卻上升，這也說明微軟此次的策略是成功的。

雖然，大家在這次案例普遍都認為獲利者是微軟，但我卻有些許不同的看法，我認為雅虎也是在這次案件中，獲利的人，他不僅應此讓Google與微軟更加重視這股第三勢力，也從合作案中獲得微軟的技術與資金的支援，所以反觀雅虎，他也是巧妙利用了「借刀殺人」。雖然這兩家公司借刀殺人的方法與利益不同，但卻是很成功地憾動了他們共同的敵人——Google！

第三節　借刀殺人情境：關鍵、執行與練習

借刀殺人在常民社會中雖頗通俗，似乎人人會用。但其實會用的高明，用的經典，致成大功、立大業，是不容易的。主要的心法在「借刀使力」，借所有客觀資源為己用。以下再從關鍵要素、執行問題和九宮格練習，簡化成三個表，反思並深化學習效果。

借刀殺人要素及反思

——一種掩蓋計、離間計，也可以說是逃避計，可將損失降到最低程度

1.關鍵要素：

- 引誘第三方直接攻擊對手。
- 不採取直接行動，以迂打直。
- 你影響對手同第三方較量。
- 刀可能是對手、法令、事件。
- 殺，指為我屈服、控制、佔有。

2.執行的問題：

- 誰是你對手的競爭者？
- 你的對手最在乎什麼威脅？
- 你是否考慮過供應商、經銷商、替代者、競爭者？
- 第三方影響力的源頭是什麼（盡可能地列出對每一家的源頭）？
- 你借的刀，利或不利？

3. 執行借刀殺人的自主練習九宮格

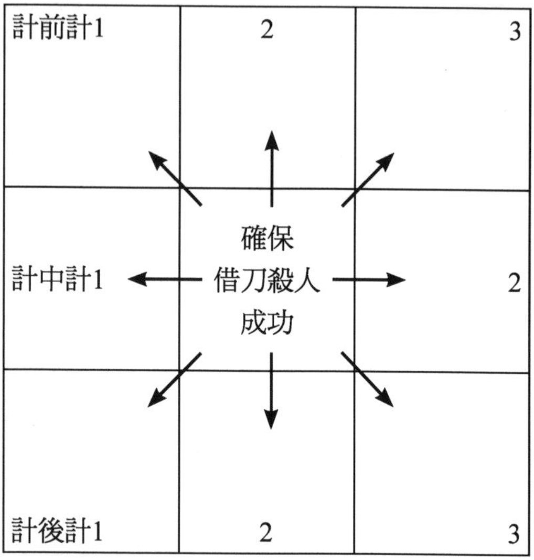

小　結

(1)應用特性　流通企業經常採取的營銷策略。面對強大對手的競爭，企業可以聯合其他行業廠家或經營者與其開展競爭，主要是尋找對方的競爭弱勢，利用聯合優勢，打擊競爭對手，挑起產品與產品之間的競爭，流通企業可平衡獲利。生產企業也可以聯合起來進行捆綁銷售，利用雙方產品的優勢開展競爭，利用產品組合打擊競爭對手。

從營銷角度來說，借刀殺人的背後是營銷資源的有效整合，有效整合資源是企業迅速發展壯大的基礎。

⑵市場基礎 本企業產品存在競爭的劣勢，比如產品的價格過高，產品更新換代比較困難等。而其他競爭對手發展迅速，嚴重威脅了本企業的銷量，本企業直接對抗難度較大，代價較大。

⑶產品定位 產品的劣勢應該通過營銷手段改變，比如換包裝；同時要盡量加快產品更新換代的速度。

⑷營銷目標 與其他企業聯合銷售，借助其他企業品牌的優勢，聯合銷售本企業的產品；或重新整合網絡，聯合其他企業的網絡經銷商；或以優惠的方式爭取對方的客戶，引起對方銷售網絡成員之間的爭鬥或者不穩定。

⑸準備措施 流通企業面臨其他品牌產品的競爭時，可以引進與其產品同質性的其他品牌產品經銷，並取得該企業的競爭支持，以遏制對方產品迅速占領市場的勢

頭。引進新產品需要和生產企業共同擬定市場開發計劃，做好銷售季節前的準備工作。

⑹**措施實施**　產品的銷售以生產企業為重點，經營單位配合支持。在具體的操作中，鼓勵生產企業加強廣告投入、促銷投入，加大試驗示範的力度，特別是與競爭對手產品的對比性試驗的普及率要加強。

【附　註】

註一　陳福成，《大兵法家范蠡研究——商聖財神陶朱公傳奇》（台北：文史哲出版社，二〇一六年二月），詳見第三章，〈春秋時代國防戰略與戰略轉移附作用〉，頁七一～九四。

註二　漢・袁康、吳平撰，今人楊家駱主編，《越絕書》（台北：世界書局，民國五十一年十一月，初版），第七卷。

註三　漢・司馬遷，《史記》（台北：宏業書局，民國七十九年十月十五日），頁一七四三。

註四　范聖剛、范揚松，《商戰春秋陶朱公》（台北：聯合百科電子出版有限公司，二〇一九年十二月十五日），頁七五。

第四章　以逸待勞

你一定聽過許多人說，或求學時老師說過的一句話，「人生是一場戰鬥」。若你現在快到不惑之年，你必定已經感受到這句話的真實性、現實性，那麼「以逸待勞」就是你的人生指南了，是你的戰鬥基本策略。

從個人生命歷程擴張到戰役、戰爭、列國爭戰，乃至企業競爭、商戰等，古今中外留下不少深價學習的典範。在我國如：春秋時代魯國曹劌論戰大敗齊軍、戰國時秦將王翦滅楚、戰國末期趙將李牧戰匈奴、漢代周亞夫逸兵平亂、鐵木真統一蒙古草原。三國時代百場大小戰役中，用「以逸待勞」致勝甚多，最傳奇的是東吳陸遜以少數兵力大破劉備七十萬大軍。

在西方如：十五世紀時土耳其大軍兵敗阿爾巴尼亞、十八世紀俄軍攻佔土耳其伊茲梅爾要塞、日俄對馬海峽海戰俄軍慘敗。而在商場上如日本松下企業「晚起」致勝等，都是緊緊抓住「以逸待勞」的秘訣。

從個人的生命戰場，不論你從事那個行業，擴大到一場戰爭的勝敗，再到列國爭霸興亡。如果懂得善用「以逸待勞」，可說是必勝必成，尤其印證在范蠡身上。

第一節　范蠡與以逸待勞

以逸待勞的基本操作時機模式

以逸待勞最根本的核心思維，是讓自己處於安全、有利和舒適的地位；而使對手處於危險、不利和疲困的狀態。如此才創造出「以實擊虛、以強擊弱」的時機，再相機殲滅對手（敵人、競爭者）。

碰上強敵，不要硬碰硬去直接攻擊，要設法使其陷於不利之困境；應該要充分理解使強大之敵，設法使其日益削弱，原本自己的弱勢便逐漸轉為強勢。這就是使我「逸」，使敵「勞」的原理。

競爭、鬥爭、戰爭，所要掌控主動者，不外時間和空間，先一步處戰地，可使空間和時間都佔領主動，便取得了「逸」之優勢；反之，晚到達戰場的一方，時空都已失主動時機，極易陷於「勞」之劣勢，是很危險的。

以逸待勞擴大運用時機模式

以逸待勞除了是一種取勝之藝術，擴大其思維領域，還在於大形勢之掌握，大戰略之操盤。這其中之要旨，超越了主動權的決定，而在啟發我們認識形而上的「以逸待勞」哲學，以靜制動，以簡馭繁。

以小的作為（簡約）對付大的變局，以靜態作為對付動態繁複的行動，以小動作因應大行動。換言之，如何使自己處於最有利的位置，壯大自己力量。

反應在政治、社會現實面，如春秋時代齊相管仲，在進行內政改革時，軍事改革也寓藏其中同時完成。這就是「實而備之」的戰略，使不知不覺中達成「寓兵於民」的目標，而不會引起百姓反感和鄰國不安。

所以，以逸待勞有時是「等待」和「守株待兔」的哲學，不是消極的聽天由命，反而是積極的想方設法，創造出致勝契機。無可懷疑的，范蠡的以逸待勞是大戰略的高度，具備思想哲學的層次。

范蠡的以逸待勞

吾國九流十家中之道家思想（老子為主），許多內涵均富有以逸待勞理念。范蠡乃道商始祖，又是計然（老子弟子）弟子，道家思想已是范蠡的基因，所以范蠡的以逸待勞天生就有深刻的認識。《老子》第十五章，正是道商的七項「形象守則」。（註一）

> 古之善為士者，微妙玄道，深不可測。夫唯不可識，故強為之容。豫兮若冬涉川，猶兮若畏四鄰，儼兮其若客，渙兮若冰之將釋，敦兮其若僕，曠兮其若谷，混兮其若濁。孰能濁以靜之徐清？孰能安以久動之徐生？保此道者不欲盈，夫唯不盈，故能敝而不成。

我想，這段話包含「以逸待勞」且超越之，乃道商重要人生哲學（守則、計策），如「豫兮若冬涉川」乃「實而備之」，即「凡事預則立，不預則廢」；而「猶兮若畏四鄰」是鬥爭過程的風險管理。范蠡的老師計然，也強調不管個別的人生或國家管理，都要早早有備處於「安全、充實、舒適」狀態中，才是致勝之道。《越絕書・內經》計然曰：（註二）

興師者必先蓄積，食錢布帛，不先蓄積，士卒數饑。饑則易傷，重遲不可戰。戰則耳目不聰明，耳不能聽，視不能見，什部之不能使，退之不能解，進之不能行。饑饉不可以動……人之生無幾，必先憂蓄積，以備妖祥。凡人生或老或弱，或彊或怯，不早備生，不能相葬，王其審之……

計然之意，沒有充分準備，什麼戰爭都打不贏！人生不做好準備工作，遲早也將「死無葬身之地」。這種智慧范蠡完全得到老子和計然的真傳，范蠡也把一輩子政商成就歸於計然老師的教導。單從以逸待勞主題來看，范蠡不論前期在越國從政，完成「興越滅吳」春秋大業，或後期從商三致又三散千金，他都能使自己完全處於「逸」的狀態，使對手（敵人）陷於「勞」的狀態。這當然無往不利，不打勝仗也難，略舉如下。

第一、范蠡和勾踐在吳國當了三年「越勞」（更不如）後，終於得到吳王夫差的「特赦」，回到自己的國家，為雪恥復國勾踐「臥薪嘗膽」，范蠡訂「十年生聚、十年教訓」的興越滅吳之策。用現代語言大致是三大政策：㈠政治改革、建軍備戰；㈡繁殖人口、以裕兵源；㈢以實人才、收攬民心。（註三）這些政策落實執行，有如管仲「寓兵於民、實而備之」的政策，使越國處於富強、安全的安逸優勢，重新獲致區域的主動權。

第二、使敵國（吳）處於「勞」的狀態，就是誘導吳王夫差率大軍北進中原，參與列國爭霸，這步棋可以說是成功完勝的。就在周敬王三十八年（前四八二年），吳王率大軍在黃池（今河南封丘）與晉國爭盟之際，越國四萬精兵進攻吳都姑蘇，吳軍從黃池急忙趕回，但幾千公里行軍到南方已成「疲勞」之軍，已不能戰，只能求和！

第三、范蠡的第三徒「止於陶」（今山東定陶縣），創「陶朱公」商號，此期間發生一場他和當地商人的「生絲價格戰」，也是典型的商戰模式之以逸待勞，把對手陷入困局，再談判取勝。（註四）就好像他在政治、軍事戰場，對手總是疲於奔命，而范蠡輕鬆悠哉！

事實上，范蠡就算不得已「走為上策」時，也是閒適安逸的走。他在二徒到齊

國，感到不祥必須快離開齊地，到別處落腳經商。《史記・越王勾踐世家第十一》，有一段記載說：（註五）

齊人聞其賢，以為相。范蠡喟然嘆曰：「居家則致千金，居官則至卿相，此布衣之極也。久受尊名，不詳。」乃歸相印，盡散其財，以分與知友鄉黨，而懷其重寶，閒行以去，止於陶。

通常人感覺到「不祥」，表示開始有安全顧慮，不是匆忙出走，便是連夜而逃。而范蠡仍能先將錢財分與知友鄉人，然後「閒行而去」，這表示他有備無患，以安逸、閒適的態度，進行公司行號搬遷作業，如同打一場仗的準備工作。

筆者研究范蠡一生行誼，尚未發現他何時曾經處於「勞」的狀態，倒是他的對手（敵人）始終「勞於奔命」；而他自己，永遠像一個有道行者，如自然運行之安逸閒適，他的「逸」行，如此自然，又如此高深。不知這世界上，在范蠡的「以逸待勞」下，有誰能全身而退？

第二節　以逸待勞之理論、詮釋與舉例說明

勝戰計

第四計：以逸待勞

【原　文】

困敵之勢①，不以戰，損剛益柔②。

【按　語】

此及致敵③之法也。兵書云：「凡先處戰地而待敵者佚，後處戰地而趨戰者勞。故善戰者，致人而不致於人。」④兵書論敵，此為論勢，則其旨非擇地以待敵，而在以簡馭繁，以不變應變，以小變應大變，以不動應動，以小動應大動，以樞應環也⑤。如管仲寓軍令於內政，實而備之⑥；孫臏於馬陵道伏擊龐涓⑦；李牧守雁門，久而不戰，而實備之，戰而大破匈奴⑧。

【注　解】

①困敵之勢　使敵人陷入困境。

②**損剛益柔** 《易經．損》卦之彖辭：「損剛益柔有時，損益盈虛，與時偕行。」王弼注：「損下益上，上行之義也。損之為道，損下益上，損剛益柔也。」損與益、剛與柔互為相對，但之間都存在一種轉換關係。此處正是指將敵方置於「剛」，我方則居於「柔」，以取得損益平衡中的益處。

③**致敵** 致，招引，此處作調動。意指在敵不意間調動其走向。

④**凡先……致於人** 出自《孫子．虛實》首節。

⑤**以樞應環** 樞，中心，關鍵。環，周圍。全句意為：掌握關節之處，便可應對周圍變化。《莊子．內篇．齊物論》：「彼事莫得其偶，謂之道樞。樞始得其環中，以應無窮。」

⑥**如管仲寓軍令於內政，實而備之** 見《史記．管晏列傳》，言管仲通貨積財，富國強兵的政策，扎實地奠定國家的後備。

⑦**孫臏於馬陵道伏擊龐涓** 馬陵，今中國山東省范縣西南。周顯王二十七年（西元前三四二年），齊與魏在馬陵的戰役中，孫臏以減灶計誘龐涓，大敗魏軍。事見《史記．孫子吳起列傳》。

⑧**李牧守雁門，久而不戰，而實備之，戰而大破匈奴** 李牧為戰國時趙國駐守北

方雁門的將領，厚養士兵，儲備力量，長久以來不主動出戰，匈奴因此而小看他。兩軍終於開戰之後，匈奴大敗。

【譯 文】

迫使敵人處於困難的局面，不一定要採取直接進攻的手段，可以依據剛柔相互轉化的道理，實行積極防禦，逐漸地消耗敵方能量。當敵人疲憊時，我方自然可以從被動轉為主動、由劣勢化為優勢的局面。

按語：這是驅使調動敵人的計謀。《孫子‧虛實》中說：「凡是先進入戰場等待敵人的一方，通常較為安穩；後進入戰場的那方則必須追趕、應對先入者的陣勢，因此較為辛苦。所以善於作戰的人，往往主動牽引對手的動向，而非被動地任對方調動。」兵書討論的是如何對敵，這裡則是討論戰場上的態勢，其主旨不在選擇一處戰場等待敵人，而是以簡馭繁，以不變應萬變，以小變應大變，以不動應動，以大動應小動，以上簡而言之，就是只要掌握事物的關節之處，便可應對周圍任何變化。譬如管仲通貨積財，富國強兵的政策，扎實地奠定國家的後備；孫臏在馬陵之戰以減灶計敗龐涓；李牧長期厚養士兵，儲備力量，一旦與匈奴開戰便贏得勝利。

【出 處】

此計源出於《孫子・軍爭》：「三軍可奪氣，將軍可奪心。是故朝氣銳，晝氣惰，暮氣歸。善用兵者，避其銳氣，擊其惰歸，此治氣者也。以治待亂，以靜待嘩，此治心者也。以近待遠，以逸待勞，以飽待饑，此治力者也。」

此篇主旨為戰場爭勝，應善於針對敵方氣勢應變，以達到主導情勢的目的，自能得勝。當對手氣焰高張時，便走避不予爭鋒，以免消損己方；待得對手士氣疲弱再予追擊，才能收到較好的效益。

【成功關鍵因素】

從字面上來看，「逸」指安逸，「待」指抵禦，「勞」指疲倦；「以逸待勞」就是以我方的好整以暇對付敵方的疲勞，並且養精蓄銳、積蓄能量，等到適當時機便能出擊取勝。絕不可把「待」字理解為消極被動地等待，此計的關鍵應在於掌握主動權，伺機而動，以不變應萬變，不讓敵人調動自己。

此計有三個意涵：⑴養精蓄銳：當我方的力量不足以擊敗敵人時，應避免與敵直接交戰，而在退守期間靜觀變化並且擴增力量。⑵疲敵勞敵：當對方力量較強大，可採取誘敵的戰術，使敵人疲於奔命、士氣低落。⑶伺機而動：要善於等待時機，以退避、拖延等辦法與敵周旋，有利時機一到，便可一股作氣消滅敵人。

運用「以逸待勞」計策的方式即為，讓競爭者先走，在對方先起跑之後，我方才開始展開攻勢。當競爭者盡心盡力為他的新產品發布與推銷時，我們可從整理消費者對此產品的接受度，來分析要不要進入這市場，並積極發展替代品，進一步打倒對手取而代之。

【歷史案例】：管仲寓軍令於內政

春秋時期，管仲任齊國宰相後，疏通國內貿易，為民累積財富，致力使國家富有，兵力強大，深得民心。他說：「倉庫充滿物資後人民才有餘力學習禮節，衣食無虞後才會在意個人榮辱，君王服行制度，六親才會團結和睦。國民不遵守禮義廉恥，國家就會滅亡。官府施行命令要如流水自然由高處流向平原，不得倒行逆施，才會使民心順服。」管仲的政策讓齊國由內而外富強起來，從一個地處海邊的小國變為號令諸侯的強國，齊國百姓因此尊敬他，到他死後都還一直遵行他的施政。

見《史記・管晏列傳》：

管仲既任政相齊，以區區之齊在海濱，通貨積財，富國彊兵，與俗同好惡。故其稱曰：「倉廩實而知禮節，衣食足而知榮辱，上服度則六親固。四維不張，國乃滅亡。下令如流水之原，令順民心。」故論卑而易行。俗之所欲，因而予之；俗之所否，因而去之。其為政也，善因禍而為福，轉敗而為功。貴輕重，慎權衡。桓公實怒少姬，南襲蔡，管仲因而伐楚，責包茅不入貢於周室。桓公實北征山戎，而管仲因而令燕修召公之政。於柯之會，桓公欲背曹沫之約，管仲因而信之，諸侯由是歸齊。故曰：「知與之為取，政之寶也。」

【現代案例】：誰說晚起的鳥兒沒蟲吃？松下電機的「晚起」秘訣

一九五〇年代，日本松下企業〈Matsushita〉在當時的電器界起步算晚的，但卻能打敗像Sony這樣財力雄厚又人才濟濟的大公司呢？讓我們一探松下致勝的關鍵吧！

一九六九年，Sony公司率先研製成公家用小型錄影機，一推出就被搶購一空，可說是當時炙手可熱的商品。松下公司當時卻沒有急於跟進，而是冷靜思考，審慎進行市場評估，保留實力伺機而動。

後來，松下抓住一個市場脈動的機會，及時推出可錄四～六小時的機種，也比Sony的價格低十五％。才上市，就深受消費者的喜愛，一舉讓Snoy兵敗如山倒，也逐漸立定松下在電器界的穩固地位。

評論：從這個案例我們看到，先搶不一定先贏，還有可能為他人作嫁衣。雖然不能完全說Sony想要搶大餅的心態是錯的，只能說松下很高明地運用「以逸待勞」策略，先冷靜分析敵手動向，找出改變的關鍵要素，並靜待良好時機，一舉打垮敵人，佔據最穩、最優勢的地位。

「逸」，並非高枕無憂，也不是靜止不動，更非讓鬥志鬆懈，而是儲存實力，積極備戰。「待」，亦不是守株待兔，錯失時機，而是靜觀時勢變化，創造時局、掌握先機。除此之外，更要注重平時戰鬥力，正所謂「地凍三尺，非一日之寒。」唯有時時做準備，冷靜判斷、即時掌握，如此就能「以逸待勞」，笑傲商場之上。

第三節　以逸待勞情境：關鍵、執行與練習

經過本章的詮釋和實例說明，筆者仍須強調這個「逸」字，絕非放逸、安逸、逸樂、逸豫等意。而是一種處於安全、輕鬆、舒適、充實的狀態，此種「逸」的狀態必須相對於敵人「勞」的狀態，就是取勝的保證。

因而，以逸待勞不像借刀殺人那樣通俗流行，有較高的戰略性，較深的藝術性，

較難的操作性。但學者若能再通過以下關鍵要素、執行問題和九宮格練習，必能深化你的學習成果，成為以逸待勞的操盤高手。

以逸待勞要素及反思

——關鍵在於掌握主動權，伺機而動，以不變應萬變，不讓敵人調動自己。

1. 關鍵要素：

- 預言戰場將轉移方向或項目。
- 在新戰場設置防守陣地。
- 等候對手光臨或誤導他。
- 設計障礙讓他消耗資源。
- 對手出現，你用有利地形打敗他。
- 地形包含位置、資源及策略夥伴。

2. 執行的問題：

- 誰是你的對手？一個或一群？
- 他怎麼樣定義區隔市場？
- 戰場會轉移到哪裡？（列舉最對多的可能性）

・為什麼戰場會轉移？（針對上述每種可能性）

・哪種移轉效果最可能發生？

・為準備這種移轉，你採取什麼行動？當它真的移動時，你早就守株待兔了？

・你採取什麼行動來加速這種轉移？

3. 執行以逸待勞的自主練習九宮格

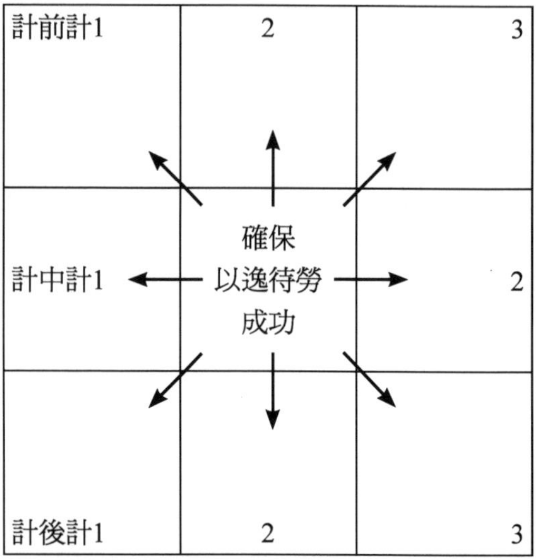

小 結

⑴**應用特性** 生產商和經營商均可以使用的策略。在企業自己的主市場上，時時刻刻會受到其他企業以及產品的競爭。企業不必驚慌，一方面要採取措施繼續穩固原有的產品市場，另一方面，要做好產品的更新換代工作，當對方的產品推銷和廣告效應出現疲勞的時候，迅速開展新產品的促銷，打擊競爭對手。從營銷的角度來說，以逸待勞追求的是低成本地穩固市場或者開發市場，避免企業在市場上高投入的風險，同時避免企業在激烈競爭面前出現慌亂，比較適合大型生產企業和流通企業的營銷策劃。

⑵**市場基礎** 市場的基本條件有利於本企業。在本企業銷量比較大的市場上，非常容易遇到競爭的對手競爭，這是由產品同質化引起的，也是同類產品競爭中最普遍現象，產品先導者的市場很容易被產品跟隨者所侵蝕。對於企業來說，本企業重要市場保衛戰可以採取激烈對抗的方式，也可以採取以逸待勞的形式。

⑶**產品定位** 當本企業在市場上的主流產品沒有遇到競爭產品的直接威脅的時候，產品不要急於更新換代，只是在產品的服務上繼續細化，強化產品的使用功能和

品牌的知名度。

(4)營銷目標　保證企業在市場上的基本銷量；觀察競爭對手的營銷方式；重點放在基層促銷；不與對手正面競爭，或爭取終端批發商。

(5)準備措施　做好經銷商、零售商的準備工作，廣告投放側重對農民進行，準備小禮品等，市場提前布貨。

(6)措施實施　採取跟進式宣傳方法，對方走到哪裡宣傳，就跟到哪裡宣傳，更加貼近農民。旺季銷售時進行門店促銷。

【附　註】

註一　可見任何一本《老子》，本文參用：楊穎詩，《老子義理疏解》（台北：文史哲出版社，二〇一七年八月），頁七八～八一。

註二　漢・袁康、吳平，《越絕書》（台北：世界書局，民國五十一年十一月），頁七〇。

註三　陳福成，《大兵法家范蠡研究》（台北：文史哲出版社，二〇一六年六月），第五章，頁一一五～一一九。

註四　范聖剛、范揚松，《商戰春秋陶朱公》（台北：聯合百科電子出版有限公司，二〇一九年十二月十五日）。頁八二～八五。

第五章　趁火打劫

從某個角度看，趁火打劫其實是生物的本能展現。這只要觀察生活在自然叢林中的動物，如獅、虎、犬、羊、蛇、鳥……等所有生物，當牠成為弱勢（如老、病、殘、孤立等），很快就被較強大的生物吃掉。這是自然界很自然的趁火打劫，在人類社會很常發生，只能說這是一種使用錯誤的趁火打劫。因為人類這物種演化至今，已形成一種所謂的文明文化，多少有「道德」原則要考量，在非競爭舞台上血淋淋的強凌弱、眾暴寡是不被許可的，我們終究是文明人。

放到戰爭、政治鬥法、企業商戰、列國爭霸等大舞台，各方為爭勝，也就無所不用其極的大展趁火打劫之身手。中國歷代的政權更替，大約不離趁火打劫，如明朝先有內腐外患，滿清才有機會入主中原，其實西方歷史發展亦如是，所謂「木腐蟲生」

是也。

許多侵略戰爭的發生，都是入侵者找到了趁火打劫的時機，如日本發動三次「消滅中國之戰」（註一）；前蘇聯一九七九年入侵阿富汗、一九八二年美國代理人以色列入侵黎巴嫩（史稱第五次中東戰爭）。

在商戰競爭上，併購快倒閉的工廠行號，通常都是抓住「趁火打劫」機會，才能以最低價併購。如天津自行車工業公司以伍百萬美元，併購德國慕尼黑摩托車廠。像這樣的案例，在全球市場上可能天天上演。

第一節　范蠡與趁火打劫

趁火打劫基本操作時機模式

趁火打劫就是趁人（敵人）之危，相機取利或一舉殲滅之，這是基本思維操作時機模式。當你的敵人（對手、競爭者、要收拾的對象等），陷入極大困境（天災、人禍、內亂等），須毫不猶豫地，乘機攫取最大利益，乃至消滅拼吞，無須留情。

所謂攫取最大利益，如敵人有內亂則佔領其領土，敵人有外患則瓜分其資源，內憂外患加上外交孤立，正是最脆弱之時。此刻，趁其「火災」無救之際，一舉消滅而兼併之，古今中外，國之亡大致如是模式，強大的掠食者無時無刻不在觀察「火」源，找機會出手。如俄羅斯普丁大帝於二〇一四年出兵佔領克里米亞，並將克里米亞併入俄國領土（原屬烏克蘭）。

趁火打劫擴大運用時機模式

趁火打劫中的「火」，是指敵方（要併吞、統一的對象等）內部的「火勢」，如動亂、困局、對立等問題，待敵於最弱時出手收拾。但若敵人內部永遠不燒「火」，豈不永遠沒有出手的機會。

是故，擴大運用的積極性趁火打劫，並非等待敵「火」自然燒起來，而是設法把火點起來，裡外互通讓火燒得無救無解，一舉而劫之。普丁出兵克里米亞之前，早已在克里米亞內部佈下許多火種，甚至已掌握了「點火」時機，才能順利佔領並併入俄國版圖，普丁大帝，神啊！

趁火打劫的「趁」，是趁早抓住機會。大家都知道，機會不能只是等待，因為機會也可能很久或永不出現。所以，積極性的趁火打劫，不是坐等「火燒」，而是積極介入、創造、製造對手內部陣營的火種，並主動掌控點火時機，以利一舉殲滅（併吞、統一）。

范蠡的趁火打劫

不論是勾踐的「臥薪嘗膽」要「反攻復國」，或范蠡要借越國之刀消滅仇邦（吳國），二人的共同目標（敵人），都是吳國和吳王夫差。所以，勾踐對范蠡會言聽計從，積極觀吳「火」，主動在吳國君臣間製造「火災」，這些都還只是范蠡一生行誼中，趁火打劫的一部分。

總的來看范蠡生命歷程中從政和從商兩階段，他在趁火打劫這一計的使用上，約略舉出三例：趁「自然之火」、趁「人造之火」、趁「預判戰火」。他對各種情勢之判斷都很正確，表示他極能掌握火勢。

第一、趁「自然之火」。這是敵國突然燒起的火（天災、人禍、內亂等），對越國而言是「自然之火」，非刻意介入製造。周敬王四十二年（前四七八年），吳國發生大旱災，這正是趁火打劫的良機。范蠡、文種和勾踐研商後，有了如下構想。（註二）

今吳民既疲憊不堪，在大飢荒之下，市無赤米，倉稟空虛；其民必移東海之濱，以就蒲蚌之食，人民怨謗。今若起兵突乘之，吳邊遠之兵必不能救。且吳王將恥於不戰，必以其國都之兵迎戰，我遂可乘其求兵未到，而各個擊滅之。使由禦兒攻之，吳王若慍而又戰，我便可大舉伐之。若不戰結成，則我又可厚取之，吳將益匱乏。

好一個趁火打劫之計，真是天上掉下來的機會（自然之火）。連從何處進攻吳國都有了，計畫趁飢荒災難，倉稟空虛，從禦兒（越國北側、今浙江省崇德縣東南）突襲吳國。於是，越王勾踐和大將軍范蠡率五萬大軍入侵吳境，此戰正是吳國滅亡和夫差之死前，最後的掙扎，周元王三年（前四七三年），王與其國同時亡。范蠡這計趁火打劫，取得完勝成功。

第二、趁「人造之火」。敵人內部本無「火」，是刻意佈局、製造出來的火，如何使吳軍疲困而不能戰？這是范蠡要思索的大問題。要解決這個問題，就是透過「導吳北進中原、與中原列強爭霸」，不僅可以困住吳軍，更可吳國內空虛。《史記》這樣記載。（註三）

吳王北會諸侯於黃池，欲霸中國以全周室。六月丙子，越王勾踐伐吳，乙酉，越五千人與吳戰。丙戌，虜吳太子友。丁亥，入吳。吳人告敗於王夫差，夫差惡其聞也。或泄其語，吳王怒，斬七人於幕下。

此事發生在周敬王三十八年（前四八二年）春，夫差的大軍正在黃池（河南封丘）與晉國爭盟，其國內空虛，越軍突擊吳都，還虜走了吳太子（負責守國）。傳令者快馬傳到北方的夫差，夫差為「保密」以免動搖軍心，連斬七個通報使者，並快速回軍，一切為時已晚。這次的趁火打劫，可以說完全耗損掉吳國的主力部隊，由此改變吳越兩國的戰略態勢。

第三、趁「預判戰火」。預判一場戰爭將要爆發，人們會急速採取什麼行動？最被絕大多數人想到的可能是脫產（房地產等）和逃走，只有極少智者想到會從戰火中獲取利益（即發戰爭財）。關鍵是誰能預判何處有戰爭要爆發？在何時爆發？當然就是有戰略素養和政治警覺的專家，也有嚇唬人的假專家。一九九五年時，有本書叫《一九九五閏八月》，稱這年八月中共將武力統一台灣。（註四）該書幾乎造成台灣社會類同一九四九年的逃亡潮，筆者實在看不下去，因為當時兩岸爆發「武統」時機未成熟，吾乃出版《決戰閏八月：後鄧時代中共武力犯台研究》一書。（註五）本書從各角度說明一九九五年閏八月，中國不會啟動「武統」戰爭，穩住了當時的逃亡潮。不久北京《軍事專刊》送給筆者一頂大帽子，稱筆者為「台灣軍魂」，其實這只是很基本的「戰略態勢」判斷。

范蠡何許人也？出將入相，商聖財神，道商始祖，他比筆者智慧強過千百倍，他當然能夠準確判斷當時國際情勢，尤其齊國和魯國關係惡化，將要爆發齊魯之戰。這時的范蠡已三徙到陶（今山東陶縣、正在齊魯交界），行號自稱「陶朱公」，戰前他以低價大量收購生絲，透過政商關係用戰船運到渤海灣萊子國轉運站。（註六）商戰其如是，他和吳國的幾場戰役，也都在他的預判、掌控之內，天地之間尚有何事能逃出他的法眼？

第二節　趁火打劫之理論、詮釋與舉例說明

勝戰計

第五計：趁火打劫

【原　文】

敵之害①大，就勢取利，剛決柔也②。

【按　語】

敵害在內，則劫其地；敵害在外，則劫其民；內外交害，則劫其國。如越王乘吳國內蟹稻不遺種③而謀攻之，後卒乘吳北會諸侯於黃池④之際，國內空虛，因而搗之，大獲全勝。

【注　解】

①**害**　危難，困境

②**剛決柔也**　出自《易經•夬》卦。本卦乾下兌上，乾為天，兌為澤，為洪水漲天之象，有力爭上游，剛健不屈之義。彖辭：「夬，決也。剛決柔也。」決，決斷、衝決。剛決柔，以陽剛的乾衝決陰柔之兌。此處以剛喻己，以柔喻敵。

③**蟹稻不遺種**　蟹，螃蟹。種，種子，苗。

④**黃池**　位於今中國河南省封丘縣西南方。周敬王三十八年（西元前四八二

年），吳王夫差率大軍參加黃池諸侯大會，與晉定公爭奪盟主，史稱「黃池之會」。

【譯文】

敵人陷入災難與危機時，可趁機取利，這就是《易・夬》卦中所講的以剛決柔的方法。

按：若敵國內發生內亂，就乘機佔領其土地；若敵國外部受到侵犯，則乘機掠奪其人民；若敵國內亂、外敵交互肆虐，便可以乘機攻占其國家。如越王勾踐乘吳國境內大旱，連螃蟹與稻穀的種苗都無法保存的時候，謀畫進攻；後來吳王夫差率軍至黃池會盟諸侯，國內防備空虛，越國便趁此機會舉兵進犯，最後大獲全勝，滅了吳國。

【出處】

原意是趁著別人家失火，正處於一片混亂時，趁機偷搶人家的東西。此計用於軍事上，便是指當敵方遇到麻煩或危難時，就趁此機會出兵，制服對手。《孫子・始計篇》云：「亂而取之。」已可見此計要旨。

《十一家注孫子・計篇》各家注：

杜牧曰：「敵有昏亂，可以乘而取之。」

《傳》曰：「兼弱攻昧，取亂侮亡，武之善經也。」

賈林曰：「我令奸智亂之，侯亂而取之也。」

梅堯臣曰：「彼亂，則乘而取之。」

王晰曰：「亂，謂無節制；取，言易也。」

計名則出自明代章回小說《西遊記》第十六回「觀音院僧謀寶貝　黑風山怪竊袈裟」。敘述唐三藏與孫悟空西天取經途中，借宿觀音院。廟中方丈貪圖三藏持有的袈裟，放火欲燒死三藏師徒二人，孫悟空得辟火罩護得唐僧平安，起風助火將寺院燒個大半。南方黑風山上有一妖怪與方丈交好，本欲相助滅火，中途見到那袈裟卻起心動念，攜之回山。原文：

……見那方丈中間有些霞光彩氣，臺案上有一個青氈包袱。他解開一看，見是一領錦襴袈裟，乃佛門之異寶。正是財動人心，他也不救火，他也不叫水，拿著那袈裟，趁鬨打劫，拽回雲步，徑轉東山而去。

【應　用】

計策含義：「趁火打劫」的本義看似偏離一般社會道德的價值，但在敵我對爭時，戰場上非你死便我亡，其實考驗的正是敏銳洞察敵情並應對判斷的能力，敵方陷入自身的困境時，正適我方出擊取得勝利。「趁」字點出此計最重在拿準時機，判斷錯誤反而會引火上身，「打劫」取得利益才是我方目的，不須去攪那一淌渾水。

計策活用：在實際運用上，等待老天賜予良機、敵勢混亂的那刻自己到來，是很困難的。過於被動，且充滿未知的不確定性，難以掌握，不利控制戰場情勢。故仍需我方積極煽動所謂的敵之「火」，亦即災難和危機，主動製造有利我方的情勢。

用計心法：此計強調得審時度勢，善於捕捉時機，趁勢取勝。這種策略說來簡單，但具體運用時一定要靈活，才能取得成功。關鍵便在於知己知彼，才能提供判斷所需的資訊。

【歷史案例】：漢滅楚

楚漢相爭後期，漢王劉邦實力漸長，楚王項羽則是愈見頹勢。項羽被劉邦麾下二名大將彭越與韓信夾擊，不得已與劉邦立約，協定以鴻溝為界，以西為漢，以東為楚。並歸還劉邦的父母與妻子。

立約之後，項羽兵返東方，劉邦本欲退兵回西，張良與陳平卻共同進諫：「如今漢擁有一半天下，並獲得諸侯擁戴；楚則兵力疲軟，又缺乏後援補給。這正是上天賜予消滅楚國的大好時機，與其遵守盟約乖乖退兵，不如趁此良機一舉消滅楚國，取得另一半的天下。如果今天放過，不趁勝追擊，那是養虎遺患的行為。」

劉邦聽了覺得甚有道理，便聽從二位謀士的策略，回過頭來追擊楚軍。最終漢楚會師於垓下，疲弱的楚軍不敵整合了韓信、彭越兵力的漢軍，因而大敗，項羽最後自刎於烏江。漢得楚後，可說穩定了統一天下的基本局勢。

事見《史記》〈項羽本紀〉、〈高祖本紀〉。

【現代案例】：康師傅拚過娃哈哈　奪中國最大瓶裝水市場

自從西元二〇〇〇年以來，中國瓶裝水市場一直是娃哈哈純淨水穩坐冠軍寶座。其在中國歷年的市佔率達二五%，年平均成長率超過四〇%，利潤不菲。

但二〇〇七年，娃哈哈與其合資企業、法國食品業龍頭「達能」（Danone）公司的合資爭端越演越烈，雙方因娃哈哈品牌控制權問題而關係破裂後，陷入長期的官司糾紛，反映在娃哈哈對市場經營的分身乏術。

來自台灣的頂新企業旗下的「康師傅」品牌，自三年前開始經營中國瓶裝水市場，但一直被娃哈哈踩在腳下。他趁娃哈哈內部經營出現矛盾的時候，採取低價策略，以一瓶〇點五九元人民幣的前所未有超低價打開〇七年盛夏的瓶裝水低價促銷大戰，當時瓶裝水市場主要品牌的農夫山泉一瓶〇點六五元，娃哈哈則是〇點九元，皆是降低後的價格，但仍不敵資本雄厚、財大氣粗的康師傅。

由於娃哈哈純淨水八〇％的業務屬於娃哈哈和達能的合資公司，故實際上娃哈哈單獨能得到的水利潤很低；對其單獨經營的非合資公司而言，營養快線利潤更高，如果在水市場上進行戰略性退縮，對其非合資業務影響不大，故對於這次市場競爭採取了消極的態度。

康師傅看準競爭對手縮手的瞬間，快狠準地下手攻略侵佔，而成為最大贏家。

第三節　趁火打劫情境：關鍵、執行與練習

研究或運用「趁火打劫」之計的人，每有一種論述或異議，謂此計中的兩個階段，到底是「趁火」重要呢？還是「打劫」重要，這確實是個關鍵問題。

若「趁火」（自然、人造等諸火）做的很澈底，但「打劫」力道不足，可能難獲所要之利益或戰果，甚至功敗於最後一里也有可能。反之，「趁火」用功不足，或未見真火，可能只見假相、假火，後果也許不堪想像，打劫反而「被劫」，豈不慘乎！

是故，戰場瞬息萬變，真真假假，虛虛實實。為你的必勝必成，再通過關鍵要素、執行問題和九宮格練習，深化你的學習，才能運用神乎其技的趁火打劫之計。

趁火打劫要素及反思

——強調得審時度勢，善於捕捉時機，趁勢取勝。

1. 關鍵要素：

- 麻煩降臨，危機充斥。
- 刻意暗中放一把無名火。
- 鼓勵第三者搧風點火。
- 對手愣住或撤退。
- 利用對手無行動或撤退，壯己實力。

2. 執行的問題：

- 偵測對手取脆弱地方列舉？
- 什麼麻煩會給創造進攻機遇？
- 每種麻煩會提供什麼機會？
- 準備好抓住天賜機會了嗎？

- 你怎樣才能做好事前準備？
- 什麼危機麻煩最可能出現？
- 你能製造的那把火是什麼？

3.執行趁火打劫的自主練習九宮格

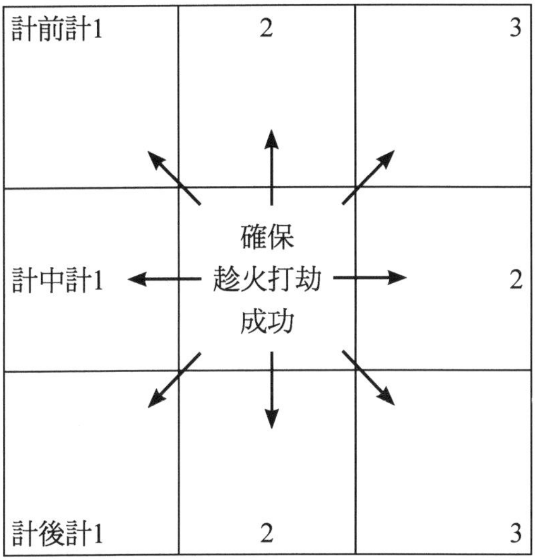

小結

(1)**應用特性** 只要是農業主產區，特別是經濟作物規模性種植區域，肥料的競爭都是非常激烈的，復合肥的競爭尤為突出。企業可以根據自己的具體情況，尋找市場的差異性以及區分市場，開展深度營銷，規避混亂競爭，避免正面衝突，減少銷售投入。流通企業發現競爭對手出現困境時（比如改制），應該迅速採取趁火打劫的方式。生產企業發現對方產品在市場上出現問題時（比如發生肥害或者藥害事件），也應該迅速進入對方市場，開展針對性的品牌營銷。

從營銷的角度來說，趁火打劫是農資企業經常使用的方式，由於農民消費者消費水平的差異性、肥料產品多元化以及質量問題，容易引發各種肥料在使用上出現問題，比如脫肥和肥害。而大部分企業沒有應急處理的預案和能力，這樣就給了市場敏感者出擊的機會，趁火打劫這樣的謀略往往可以起到非常顯著的影響效果。

(2)**市場基礎** 政府市場管理相對比較嚴格規範，市場信息傳播比較便捷。本企業產品與同類產品競爭比較激烈，自身產品的知名度尚未得到擴展。

⑶**產品定位**　樹立本企業產品高質量、高品位的產品形象。

⑷**營銷目標**　使本企業產品能夠迅速在競爭中脫穎而出。讓消費者能夠區別本企業產品在同類產品中不同的定位。

⑸**準備措施**　加強市場監督。協調政府部門進行市場規範，向政府部門提供專業技術方面的支持。做好本企業產品宣傳推廣的準備。

⑹**措施實施**　發現事件後，迅速做出反應。聯合媒體、政府有關部門打假。幫助農民克服困難，減少損失，恢復生產。迅速推廣本企業產品，可以考慮向受到損失的農民捐贈本企業產品，彌補農民損失。

【附　註】

註一　陳福成，《日本問題的終極處理：廿一世紀中國人的天命與扶桑省建設要綱》（台北：文史哲出版社，二〇一三年七月）。

註二　《中國歷代戰爭史》第二冊（台北：黎明文化事業有限公司，民國六十五年十月），頁六八～六九。

註三　漢・司馬遷，《史記》（台北：宏業書局，民國七十九年十月十五日），頁一四七三～

一四七四。

註四　鄭浪平，《一九九五閏八月：中共武力犯台世紀大預言》（台北：商周出版社，一九九四年）。

註五　陳福成，《決戰閏八月：後鄧時代中共武力犯台研究》（台北：金台灣出版有限公司，一九九五年七月）。

註六　范聖剛、范揚松，《商戰春秋陶朱公》（台北：聯合百科電子出版有限公司，二〇一九年十二月十五日），見第二篇第四章。

第六章　聲東擊西

凡是參與過軍事作戰參謀作業的人，不論層級高低（軍團、師、旅、營），一個作戰計畫，攻勢有主攻、助攻；守勢有主陣地、次陣地。而不管攻守如何策訂，其中定有刻意製造的「假相」，設法使敵方誤認（相信）是「真相」。在東邊故意佈下作勢要發起攻擊的各種徵候，待敵信以為是，突然從西邊發動主力攻勢，敵方措手不及，一舉而殲滅之。

在其他領域如政治鬥爭、企業商戰、國際強權爭霸等，使用這招「聲東擊西」，有史以來就很普遍。只是用的高妙，用得使對手（競爭者、敵人），在不知不覺中上當還是不容易。歷史上許多案例可供學習，如東漢時聯合西域諸國瓦解匈奴、漢景帝時周亞夫平「七國之亂」、戰國時代馮諼謀劃孟嘗君官復原職、鄭成功收復台灣等。

在西方，拿破崙的滑鐵盧一戰，以聲東擊西之計對付英軍威靈頓，本應致勝的戰爭，被自己的第六師師長熱羅姆（拿破崙的弟弟）破壞了，全線潰敗。可見一場戰役雖有致勝之戰略，也可能犯了戰術小錯而全局大敗。

一九四二年秋，英軍蒙哥馬利部在北非阻止德軍隆美爾部進攻，以聲東擊西之計突破阿拉曼防線，創造了北非戰場的全面勝利。對德軍而言，是慘重的打擊。

一九八三年美國派兵入侵（實即侵略）格瑞那達，也用了聲東擊西之計。二戰時的諾曼第登陸，應是人類有史以來動員最大兵力的聲東擊西之戰。而二千多年前，范蠡是怎樣用這一計的。

第一節　范蠡與聲東擊西

聲東擊西基本操作時機模式

聲東擊西之計的運用操盤，準備和執行都有兩階段工作要費心，前段「聲東」通常較費時費工。「聲東」是用一切辦法製造假象（相），誘敵誤判，使其相信你的

「聲東」是真實的企圖，是真正的主力作為。

「聲東」所有一切作為，都是配合最終的「擊西」，在敵方措手不及，指揮發生混亂之際，一舉殲滅敵之有生力量。所以，本計運用能否成功，在掌握敵方作戰意志混亂時，給予最致命打擊，或謀取最大之利益。

「聲東」有如籃球場上球員的假動作，「擊西」才是真正的企圖。模式雖然簡單，「擊西」時機（發動主力戰）不好把握，只要稍有不慎，容易被敵方看破手腳。所以，嚴密管控是始終要做的功課。

聲東擊西擴大運用時機模式

聲東擊西可謂人生戰場上，可以全方位運用的教戰守則，若能養成並善用之，就成為好用的戰略高度。人間道上，不論對人對事，競爭高位，經營事業等，有時「能而示之不能，遠而示之近、有而示之無……」可以產生更大效果，更容易達成目標。

聲東擊西的「時機點把握」，在乘敵方（對手）處於混亂。若其不亂，要設法使其生亂，辦法就是製造靈活機動的假象（相），本不打算進攻甲地，卻佯裝進攻；本來決定進攻之地，不顯出任何進攻的跡象，一點點徵候都沒有，就是成功的計策。

製造假象（相）的最高宗旨，是引敵誤判我之企圖。是故，最能迷惑對手的作為，就在似可為而不為，似不可為而為之，敵方就無法推知我方企圖，完全被我所製造的假象（相）迷惑。而具有這種「大法」功力的謀略家，范蠡應是古今中外唯一人。

范蠡的聲東擊西

范蠡最大的人生目標，就是「興越滅吳、消滅仇邦」，所以他是個愛國（楚國）主義者。從商三致又三散千金，並非是他的生涯規劃項目，甚至是意外走出的一條超越從政的大道。假如他不覺出勾踐的危險，相信他不會離開越國。

所以對范蠡而言，他的「擊西」是最終消滅吳國，徹底解決祖國（楚）之外患。而在滅吳之前的二十多年，所有對吳國（暨夫差君臣）一切作為，都是「聲東」之假象，這種刻意操弄的假象真是不勝枚舉。可以任意舉出以下幾項。

第一、獻美女西施之假象（相）。西施之人為真，獻美女動機為假；西施對夫差的感情不真，夫差對西施的感情為真，在美人計是成功的。而在「聲東擊西」之計上，完全達到「迷惑、亂軍」效果，給未來的「擊西」（滅吳）之戰，打下完勝的基礎。

第二、製造越國臣服之假象（相）。與范蠡有關的吳越之戰，從周敬王二十六年（前四九四年）開始，到夫差自殺吳國滅是周元王三年（前四七三年）。這二十多年間，前半（約十多年）越國臣服都是假相，《史記》〈越王句踐世家第十一〉記載說：（註一）

是句踐乃以美女寶器令種閒獻吳太宰嚭。嚭受，乃見大夫種於吳王。種頓首言曰：「願大王赦句踐之罪，盡入其寶器。不幸不赦，句踐將盡殺其妻子，燔其寶器，悉五千人觸戰，必有當也。」嚭因說吳王曰：「越已服為臣，若將赦之，此國之利也。」吳王將許之。子胥進諫……吳王弗聽，卒赦越，罷兵而歸。

由此時開始，吳王夫差深信越國已臣服，越對吳已無安全顧慮。然而，對越國而言，句踐、范蠡君臣只是權宜之計，「聲東」之假相，是未來「擊西」（滅吳）成功必須要做的功課。

第三、扮豬吃老虎的假相。句踐、范蠡等一行，到吳國為夫差做奴工三年。忽一日，夫差召句踐入見，句踐跪伏於前，范蠡在後，夫差謂范蠡說：「寡人聞，哲婦不嫁破亡之家，名賢不官滅絕之國。今句踐無道，國已將亡，子君臣並為奴僕，囚於一室，豈不鄙乎？寡人欲赦子之罪，子能改過自新，棄越歸吳，寡人必當重用。去憂患取富貴，子意如何？」

范蠡稽首而對說：「臣聞，亡國之臣，不敢語政；敗軍之將，不敢語勇。臣在越不忠不信，不能輔佐越王善，致得罪於大王，幸大王不即加誅，得君臣相保，入備掃除，出給趨走，臣願足矣。尚敢望富貴哉？

這是《東周列國誌》的一段記載。（註二）在此時，范蠡把自己說成「亡國之臣、敗軍之將」，像是一個豬頭，能為大王牽馬掃廁所，臣願已足。這副「扮豬吃老虎」的假相，完全違反了常情常理，違反了人性，夫差竟還相信，只能說范蠡的「聲東」演出太真實了！

范蠡一生從政從商，可謂成大功立大業之完善典範，由他所創造的「聲東」假相，真是每一場戰役都有。他的第三徙到陶（今山東定陶），與當地商人有一場生絲戰，事前他隱藏實力以迷惑對手，最後「擊西」取勝。（註三）

說范蠡製造的假相，說假相即非假相，是名假相，其實仍是真相。范蠡師承老子、計然的道家思想，體現「無名、無為」風格，凡事「隱」而不顯，如神龍之見首不見尾，也就無人知其真正企圖了。

第二節　聲東擊西之理論、詮釋與舉例說明

勝戰計

第六計：聲東擊西

【原　文】

敵志亂萃①，不虞②，坤下兌上③之象，利其不自主而攻之。

【按　語】

西漢，七國反④，周亞夫⑤堅壁不戰⑥。吳兵奔壁之東南陬⑦，亞夫使備西北；已而吳王精兵果攻西北，遂不得入。此敵志不亂，能自去也。漢末，朱儁⑧圍黃巾於宛⑨，張圍結壘，起土山以臨城內，鳴鼓攻其西南，黃巾悉眾赴之。儁自將精兵五千，掩⑩其東北，遂乘虛而入。此敵志亂萃，不虞也。然則聲東擊西之策，須視敵志亂否為定。亂，則勝；不亂，將自取敗亡，險策也。

【注　解】

①**敵志亂萃**　引自《易經‧萃》卦之《象》辭：「乃亂乃萃，其志亂也。」萃，

草叢生的樣子。《彖》曰：「萃，聚也。」此處義同亂。

②**不虞**　虞，意料。全句：意料不到。《易・萃》之《象》辭：「澤上於地，萃，君子以除戎器，戒不虞。」

③**坤下兌上**　萃卦之卦象。上卦為兌，兌為澤；下卦為坤，坤為地。有水漫於地，隨時可能潰決的意思。

④**七國反**　西漢景帝之時，用晁錯策削諸王封地，引起吳王劉濞為首的七國不滿，於景帝三年（西元前一五四年）興兵作亂，史稱「七國之亂」。

⑤**周亞夫**　？～西元前一四三年。西漢名將，周勃之子。七國之亂時被任為太尉，奉命討伐。

⑥**堅壁不戰**　固守堡壘不出戰。

⑦**陬**　角落。

⑧**朱儁**　？～西元一九五年。字公偉。東漢末名將，黃巾之亂時與皇甫嵩平定潁川、汝南、陳國的亂事，並擊破盤據宛城的韓忠。事見《後漢書・皇甫嵩朱儁列傳》。

⑨**宛**　今中國河南省南陽。

⑩掩　突襲。《草廬經略・掩擊》：「掩擊者，襲其無備也。未備而掩之，則其上下必驚，士眾必亂。」

【譯　文】

敵人的情志混亂，就無法應付情勢變化，像似深溝的水位忽然猛漲，堤防可能隨時崩壞一樣，這是《易經》萃卦中所說的那種混亂潰敗的象徵。因此，要利用敵人不能自主的時機去奪取勝利。

按：西漢時的七國之亂，周亞夫固守堡壘堅不出戰，吳國軍隊為了誘他出擊，作勢攻向城東南角，周亞夫不為所動，反而兵備西北隅；後來吳國果然派遣精兵從西北發動攻擊，卻因周亞夫早有防備而無法成功。這個案例雖使用了聲東擊西之計，但敵方意志思考並未混亂，而化解危機。東漢末年，朱儁包圍韓忠率領的黃巾軍於宛城，他張開包圍，堆起堡壘，站在堡壘上居高臨下觀查城內動靜，之後鳴鼓佯攻西南方，使黃巾軍悉數至西南防守。朱儁再率領五千精兵突襲東北，成功乘虛而入。這個案例之所以成功，是敵方確實地情志混亂，纔能出其不意。由此可之，聲東擊西之策之成功與否，須視敵人意志是否確實被干擾而定。敵人感到混亂，我方便可得勝；若其不被干擾，則我方行此策反而會自取滅亡。此策有其風險。

【出 處】

聲東擊西的概念很早便存於中國古代兵書之中。

《淮南子・兵略訓》：「故用兵之道，示之以柔而迎之以剛，示之以弱而乘之以強，為之翕而應之以張，將欲西而示之以東。」

《六韜・兵道》：「欲其西，襲其東。」

此計名的出現最早應是唐代杜佑所編撰的《通典》：「聲言擊東，其實擊西。」明朝劉基所著《百戰奇略・聲戰》則說明得更仔細：「凡戰，所謂聲者，張虛聲也。聲東而擊西，聲彼而擊此，使敵人不知其所備，則我所攻者，乃敵人所不守也。」聲東擊西只表面上或口頭上叫嚷著要打東邊，卻是要攻打西邊，是一種製造假象使敵人上當而消滅敵人的制勝計謀。

【成功關鍵因素】

對敵使用「聲東擊西」之計能否成功的關鍵在於，是否達成「敵志亂萃」，示假隱真，迷惑對方的效果，用連環式的多個欺騙行動使敵人產生錯誤判斷。這些的條件一旦形成，這條的計策就更有把握了。

注意面向：

1.如何對敵使用此計，達到我之攻擊目的。

2.如何判斷敵對我是否採用此計，實現我之防禦意圖。

實施手段：

1.以利誘敵：以利益來驅使敵人的走向，我方再針對其露出空隙的反向攻之，可增加達到目的的成功率。

2.採取佯動：如同我方總是觀察敵方的動向，敵方必然也隨時關注我方的一舉一動。對於小心謹慎的對手，我方「確有其事」的行動不啻是其判斷形勢的保障，當敵人感覺到「自己是針對對手的動作而做出應對」，便容易感到心安，也易落入我方所設下的圈套。

3.以虛掩實：為避免計謀的核心被看穿，需要設置虛實交錯的掩蔽物來使真正的意圖避開鋒芒，忽東忽西，即打即離，才能不被看穿。所謂聲東擊西並不一定要往西，在考量敵人亦熟知此策的情況下，「聲東擊西」反而更能發揮此計精髓。

【歷史案例】：班超計騙龜茲取莎車

東漢時期，班超出使西域，目的是集結西域諸國，共同對抗匈奴。為使西域諸國便於共同對抗匈奴，必須先打通南北通道。當時地處大漠西緣的莎車國，已先煽動周邊小國，歸附匈奴，反對漢朝，班超決定先平定莎車。莎車國王北向龜茲求援，龜茲王親率五萬人馬，援救莎車。班超聯合于闐等國，兵力只有二萬五千人，敵眾我寡，難以力克，必須智取。

班超遂定下聲東擊西之計，迷惑敵人。他派人在軍中散佈對班超的不滿言論，製造打不贏龜茲，有撤退跡象之傳言。並特別讓莎車俘虜聽得一清二楚。這天黃昏，班超命于闐大軍向東撤退，自己率部向西撤退，表面上顯得慌亂，又故意放俘虜趁機脫逃。

俘虜逃回莎車營中，急忙報告漢軍慌忙撤退的消息。龜茲王大喜，誤認班超懼怕自己而慌忙逃竄，遂立刻下令追擊，並親率一萬精兵向西追殺班超。班超胸有成竹，趁夜幕籠罩大漠，將部隊就地隱蔽。龜茲王求勝心切，率領追兵從班超隱蔽處飛馳而過，班超立即集合部隊，與事先約定的于闐等國人馬，迅速班師殺向莎車。班超的部隊從天而降，莎車來不及防禦，瞬間瓦解。莎車王在驚慌失措下，只得請降。龜茲王追走一夜，卻未見班超部隊蹤影，此時卻聽到莎車已被平定，人馬傷亡嚴重的報告，認為大勢已去，只有收拾殘部，悻悻然返回龜茲。

見《後漢書‧班梁列傳》：

……超發于寘諸國兵二萬五千人，復擊莎車。而龜茲王遣左將軍發溫宿、姑墨、尉頭合五萬人救之。超召將校及于寘王議曰：「今兵少不敵，其計莫若各散去。于寘從是而東，長史亦於此西歸，可須夜鼓聲而發。」陰緩所得生口。龜茲王聞之大喜，自以萬騎於西界遮超，溫宿王將八千騎於東界徼于寘。超知二虜已出，密召諸部勒兵，雞鳴馳赴莎車營，胡大驚亂奔走，追斬五千餘級，大獲其馬畜財物。莎車遂降，龜茲等因各退散，自是威震西域。

【現代案例】：Bavaria Beer世界盃快閃行銷

二〇一〇的世界盃足球賽，荷蘭對丹麥的比賽中，觀眾席湧進三六名身穿貼身鮮橘色短裙的辣妹，為「橙色軍團」荷蘭隊加油，奪去大半觀眾的目光，在場記者的鏡頭也紛紛往她們身上招呼。

原來這三六名女子是荷蘭一家啤酒商Bavaria所僱用，她們身上沒有顯眼的LOGO，但人數眾多，顏色亮眼，實在吸睛。雖然她們並無具體的廣告行為，但主辦單位南非為了維護出錢的贊助商的權益，仍派出警察將這些辣妹驅趕出場，甚至逮捕了帶頭的二名女性。這件事引起了荷蘭政府出面譴責世足主辦單位，也成為當天世足的頭條新聞。

事發後，美國知名市場研究機構Hitwise統計，在英國，Bavaria Beer從一個默默無名的廠牌躍升為前四名知名度的啤酒廠牌。

世足賽是四年一度的國際體育盛事，其中蘊含的市場商機不言可喻，各大廠商無不擠破頭奉上大筆金錢，只為在轉播鏡頭中掙得一個秀出商標的角落。雖然Bavaria需支付費用為辣妹們打官司，但比起正式的贊助廠商所花費的，只能說是小菜一碟！

這件成功的游擊式行銷（guerrilla marketing），一開始的辣妹們進場並非宣傳的主要手段，是所謂「聲東」；反而被驅離、逮捕才是真正的目的，乃為「擊西」。因為如此，才有後續的媒體報導、輿論爭議，以及網路爭相轉發消息與評價的連鎖效應，大大增加廠商曝光度。

第三節　聲東擊西情境：關鍵、執行與練習

聲東擊西是一種「以迂為直」的思維哲學，更是一門方法、技術的科學，若能如范蠡使用之神乎其技，更是一種藝術。如內行專家的警語說：「兩點間最短的距離不是直線」，講的是間接路線的妙用無窮啊！

確實人生戰場上很多事情不能太直接，正面攻城法通常損失慘重。若能換個思考，以迂為直，聲東擊西，結果必然不同。為深化學習效果，本節再從關鍵要素、執行問題和九宮格練習，反思此計的全方位運用，更從商戰競爭思索此計之用。

聲東擊西要素及反思

——達成「敵志亂萃」，示假引真。

1. 關鍵要素：

- 起風前，先施放大把煙霧彈。
- 你佯攻，令對手吃大驚。
- 對於回應佯攻，當作一回事？
- 回應佯攻使對手暴露在真攻擊之前。
- 發動真攻擊，對要害擊敗對手。

2. 執行的問題：

- 你被認定是好戰分子嗎？
- 對手期望會發生怎樣的攻擊？
- 為抵制攻擊，對手會採取什麼行動？

• 探底，對手把自己暴露在什麼「真正的」攻擊面前？（盡可能列舉）
• 發動佯攻和「真正」攻擊的結果是什麼？
• 你怎樣加強對手對「佯攻」的期望值？
• 再三檢視真正目標的關聯性。

3.執行聲東擊西的自主練習九宮格

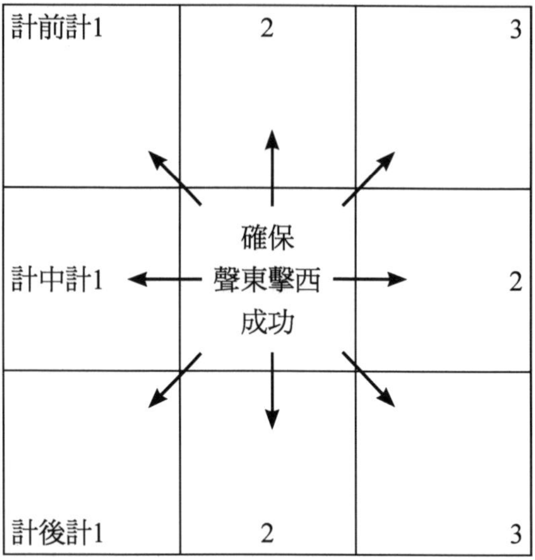

小　結

(1)應用特性　企業在自己的主市場的營銷行為不能夠一成不變，廣告和促銷與銷售的配合非常重要，利用廣告效應可以迷惑競爭對手，而銷售環節要出其不意，占領主市場中的空白市場。企業發現產品的藍海市場時，也要採取聲東擊西的策略，防止競爭對手跟進，搶占市場先機。企業同樣可以到其他未開發的市場進行營銷活動，這種活動也需要細緻組織，防止競爭對手的跟進。從營銷角度來說，聲東擊西非常適用於農資營銷的市場佈局策劃。我國的農村市場非常廣闊，市場規模龐大，消費差異性也很大，為產品的營銷提供了非常廣闊的市場，企業具有發展的空間和實施營銷的餘地。

(2)市場基礎　適用於四種市場情況：本企業產品的主市場、主市場中的空白市場、本企業產品的未開發市場、本企業新產品市場。

(3)產品定位　產品是市場上主流產品，產品需要擴大市場範圍和銷量，產品面臨競爭對手的直接競爭。

(4)營銷目標　擴大市場和銷量，轉移競爭對手的市場注意力，進而開發競爭對手的薄弱市場。

(5)準備措施 優化產品結構，選定最適合目標市場的產品，調查市場基本情況，確定前期市場網絡建設的目標和數量，準備銷售季節前佈貨。

(6)措施實施 在主市場上，繼續實行產品的促銷與廣告，目標市場上，開展基層營銷工作，避免廣告的轟動效應，將主要精力放到零售門店擴展和建設方面，悄然佈貨。

【附　註】

註一　漢・司馬遷，《史記》（台北：宏業書局有限公司，民國七十九年十月十五日），頁一七四一。

註二　明・余邵魚，《東周列國誌》（台北：大台北出版社，民國七十五年五月），第八十四回。

註三　范聖剛、范揚松，《商戰春秋陶朱公》（台北：聯合百科電子出版有限公司，二〇一九年十二月十五日），頁八二～八五。

第二篇 敵戰計

敵戰計，具有抗拒力量條件下的計謀。「抗拒力量」，包含地緣、資源、時空因素等在內。有六計：

無中生有
暗度陳倉
隔岸觀火
笑裡藏刀
李代桃僵
順手牽羊

第七章　無中生有

自有人類以來，當「政治制度」誕生後，便有了政治競爭（鬪爭），「無中生有」這種「矛盾」害人之術，也同時誕生了，東西方史實皆如是，基本上，誆騙、欺詐、抹黑、抹紅、抹黃、造謠、生事、莫須有等，都是無中生有招術範圍內之運用，而「民主政治」的制度，可謂是這種謊言之集大成。

這只要用點客觀心態看看現在世界搞民主選舉，美、英、法……以及現在島上的「台獨偽政權」，就很清楚了，川普選舉時列出希拉蕊「十大罪狀」，稱她「賣國」，當選後要把她關起來。當選後呢？

而小島上的台獨偽政權呢？從「三一九槍擊詐騙」到二〇二〇蔡妖女八百萬票，都是「瞞天過海、無中生有」加另外三十四計運用而成。未來可列入中國歷史「十大騙票」之前兩名，世界騙案史也有望列入。

古今中外「無中生有」史例多如天上繁星，每個社會、集團、地區、國家，天天都有成千上萬件在發生，有些出名，有些很出名，最著名如戰國時代張儀詐騙楚懷王、宋朝秦檜「莫須有」害死岳飛。在西方，如十八世紀俄國彼得大帝假書退瑞典軍隊、現在的美國川普「希拉蕊十大罪狀」，都是最著名案例。

無中生有都是不懷好意的，大多很邪惡，如川普和秦檜，如「三一九槍擊詐騙案」、二〇二〇年台獨黨操弄大選，都是集人類邪惡和黑暗之大成。但能把無中生有操作的很「正派、漂亮」極少有。大兵法家兼商聖財神范蠡，是人類史上稀有的史例。

第一節　范蠡與無中生有

無中生有基本操作時機模式

字亦正如其義，「無中」硬生生的要「生有」，這是科學辦不到的事。要使其成事，當然就在某種時機點上，誑騙、欺詐，乃至抹紅、抹黑、抹黃，莫須有等種種必須之手段，廣為傳播，謊言也成真理。這是無中生有基本操作法，人類這物種可以說天生就會。

無中生有，這個「無」，指的是「假」、是「虛」，根本就沒那回事。而「有」，指的是「真」、是「實」，變成真有那回事。是故，無中生有，就是真真假假，虛虛實實，真中有假，假中有真，真假虛實如魔幻變來變去。目的就在造成敵方（競爭者）迷惑，進而談判情勢，便能相機殲敵，取得完勝。

無中生有擴大運用時機模式

無中生有之計要擴大純熟運用的高明，有三個連續階段要把握，每個階段的「時機」是否成熟，是重要關鍵點。㈠示敵以假，讓敵人誤以為真，這個起始的佈局，必須「假戲真作」，且認真做得讓敵方看到；㈡讓敵方識破我方之假，掉以輕心，或未識破也會產生誤判；㈢我方變假為真，讓敵方誤以為假。這三個時機點若能把握得宜，你便能成為「敵方的指揮官」。

要能成為「敵方的指揮官」，牽著敵人（對手）的鼻子走，當然是接近神話的難度和智慧。但只要能悟得三個階段之法門，把握以下之事：㈠敵方指揮官（對手）多疑，過於謹慎的，用此計特別有效；㈡抓住敵方已經迷惑的時機點，快速變虛為實，變假為真，轉無為有，給敵人最致命一擊，必是一場完勝的戰役。

范蠡的無中生有

誆騙、詐欺、莫須有……都是很負面的意涵，若是放在人際關係的「私領域」中，極為不道德，可以說是很邪惡的行為。在范蠡一生行誼中，從未在私領域中使用這樣的詐術，在他經商過程中也碰到大風大浪，也從來不用這種有負面評價的手段。只有在吳越戰爭為「勾踐復國、興越滅吳」，有「無中生有」的情節，列舉數起簡略提示之。

第一、越國整個對吳政策就是一場無中生有的大騙局。從一開始送美女西施給吳王夫差，鼓勵吳國大造宮室，誘導吳王夫差北進中原，與中原各國爭盟、爭戰、爭霸。凡此，都是「大戰略級之大騙局」，總目標都是消耗吳國國力，最後使吳國戰力空虛，相機發動滅吳之戰。

第二、勾踐、范蠡感激夫差不殺之恩是破天荒大騙局。君臣二人在吳國當了三年

「越勞」（更不如），終於等到夫差的特赦，夫差置酒於蛇門，親送勾踐和范蠡一行出城回國。臨別有一段對話：（註一）

夫差曰：「寡人赦君返國，君當念吳之恩，勿記吳之怨。」

勾踐稽首曰：「大王哀臣孤窮，使得生還故國，當生生世世，竭力報效。蒼天在上，實鑒臣心，如有負吳，皇天不佑！」

夫差曰：「君子一言為定，君其遂行。勉之！勉之！」

勾踐再拜跪伏，流涕滿面，有依戀不捨之狀。夫差親扶勾踐登車，范蠡執御，夫人亦再拜謝恩，一同外輦，望南而去。——時周敬王二十九年事也。

這是《東周列國誌》的一段記載，勾踐和范蠡這齣無中生有的空前大騙局，演的太真實了。完全合乎以虛為實、以無為有、以假為真，並使對手（夫差）打從心裡就信以為真。難怪史臣有詩云：（註二）

越王已作釜中魚，豈料殘生出會稽；

可笑夫差無遠慮，放開羅網縱鯨鯢。

夫差做為一個大國之君王，腦袋應不至於太差，他從頭到尾都沒有認識到勾踐和范蠡的真正企圖，只能說范蠡的大謀略太真或太深，以至夫差始終看不破。到最後將死、國將亡，他才覺醒到伍子胥說的才是真話，勾踐范蠡的順從臣服全是誑騙。

第三、無中生有「抹紅」伍子胥。在范蠡諸多計謀運用中，將吳國唯一無法收買的忠臣伍子胥「抹紅」，透過伯嚭向夫差指控伍子胥「賣吳」，最後夫差賜死伍子胥，也是無中生有的精彩情節。此事在《史記》〈越王勾踐世家〉記曰：（註三）

子胥言曰：「王不聽諫，後三年吳其墟乎！」太宰嚭聞之，乃數以子胥爭越議，因讒子胥曰：「伍員貌忠而實忍人，其父兄不顧，安能顧王？王前欲伐齊，員強諫，已而有功，用之反怨王，王不備伍員，員必為亂。」與逢同共謀，讒之王，王始不從，乃使子胥於齊，聞其託子於鮑氏，王乃大怒，曰：「伍員果欺寡人！」役反，使人賜子胥屬鏤劍以自殺。

原來伯嚭向夫差指控伍子胥「通齊」又「通越」，這是「賣吳」的叛國大罪，當然這全是莫須有的指控，都是無中生有的罪狀。但最要緊是夫差已信以為真，這才是此一計謀的核心價值，一個成敗的關鍵點，若夫差不相信這些指控，則是無中生有之計的失敗。

整個來看范蠡的一生，也是神奇的無中生有。他是窮二代，父母早逝，依也是貧窮的兄嫂扶養成人，最後竟能「居家則致千金，居官則致卿相，此布衣之極也。」（註四）這不是無中生有，這是什麼？

范蠡三徙是吾國古史之傳奇，而他的三致又三散千金更是千古美談。他能千金散盡（無），又復還來（有），這無有虛實之間，竟如反掌折枝般變化，真財神也！

第二節　無中生有之理論、詮釋與舉例說明

敵戰計

第七計：無中生有

【原　文】

誑也，非誑也①，實②其所誑也。少陰③，太陰，太陽。

【按　語】

無而示有，誑也。誑可不久而易覺，故無不可以終無。無中生有則由誑而真，由虛而實矣。無不可以敗敵，生有則敗敵矣。如：令狐潮圍雍丘，張巡轉為人千餘，披黑衣，夜縋城下；潮兵爭射之，得箭數千萬。其後復夜縋人，潮兵笑，不設備；乃以死士五百砍潮營，焚壘幕，追奔數十餘里。（新唐書一九二《張巡傳》《戰略考・唐》）

【注　解】

①**誑，非誑也，實其所誑也**　誑，欺詐、誑騙。

②**實**　實在，真實，此處作意動詞。

③**少陰，太陰，太陽**　此「陰」指假象，「陽」指真象。這裡三者並列說明陰陽相互過渡、相互轉化的道理。

【譯　文】

運用假象欺騙敵人，並不是完全是弄虛作假，適當時機，就要弄假成真，由虛轉實，出其不意痛擊敵人。此計的原理是《易》理中少陰、太陰、太陽三象互相轉化、相互運用的道理。

按：沒有裝有，這是欺騙。欺騙不能長久，很容易被敵方發現，所以沒有不能讓他一直沒有。將沒有變成有，這就是由假像變真，變虛假為真實。沒有是不能擊敗敵人的，如果變成有，就能擊敗敵人了。如：唐代令狐潮包圍雍丘，城裡守將張巡命令士兵紮草人一千多人，給草人罩上黑色，用繩拴住，夜裡縋下城去。令狐潮的士兵認為是張巡用草人來賺得箭了，看著發笑，皆不作戰準備。於是張巡用繩子拴住五百名敢死隊，放下城衝進令狐潮的軍營，燒毀營柵帳篷，並一直追殺了十多里。

【出　處】

本計出自於《老子》第四十章：「天下萬物生於有，有生於無」。

【成功關鍵因素】

計策含義：本計策意義是指栽贓陷、憑空捏造。更進一步指出採取虛虛實實、真真假假的手法，用虛假的假象欺騙敵人，使對方產生叛斷失誤和行為錯誤的一種計謀。計策中的「無」，是迷惑敵人的假象，「有」是我方要實現的真實意圖。另外，「無」還可以指事物的不存在，包括無形、無名、虛無等，「有」指事物的存在，包括有形、有名、有實等。《老子》的概念認為，「無」是產生「有」的本源，所以是「有生於無」。不論是「無」生「有」，或間接生「有」，其轉換的過程都需巧妙而無破綻，方可得宜。

此計有三種含義：一為憑空揑造。把不存在的東西說成事實，目的是為消除敵人、陷害他人，以維護自己謀得利益。二為以假代真。化假為真，以此作招搖撞騙、探試風聲之手法，便於取得好處。三為無事生非。利用敵方在平靜無擾的情況下，我方可製造謠言或假情報來使敵方發生混亂、擾亂軍心。當我方乘機而作時，即可收到出奇制勝的效果。

用法心計：「無中生有」這項欺騙是否能成功，它的首要條件在於「示無」能否奏效，最重要的是使敵方確信你的「無」，若能達到目的，本計謀即可成功一半。

商戰用法：此既可說巧妙運用憑空揑造的手法，廣義上指採取虛實相雜、真實難分的手段，讓敵人在虛與實間分不出真假，藉此混亂敵人，是敵人露出破綻，加以攻擊。這也是推銷常用的手法，讓消費者在虛實間，淺移默化認識到自家商品，進而獲利。

【歷史案例】：張儀送地

戰國末期，七雄並立。其中以秦國兵力最強，楚國地盤最大，齊國地勢最好。但其餘四國卻不能相提並論。當時，齊楚結盟，秦國無法取勝。秦國的相國張儀是個赫赫有名的謀略家，他向秦王獻計離間齊楚，再分別擊之。秦王覺得有理，遂派張儀出使楚國。

張儀帶著厚禮拜見楚懷王，說秦國願意把商於之地六百里（今河南淅川、內江一帶）贈予楚國，希望楚國能與齊國斷絕結盟。楚懷王一聽，覺得有利可圖：一來得了地盤，二可削弱了齊國，三又可與強秦結盟。於是不顧眾大臣的反對，痛痛快快地答應了。懷王派逢侯醜與張儀赴秦，簽訂條約。二人快到咸陽的時候，張儀假裝喝醉酒，從車上掉下來，回家養傷。逢侯醜只得在館驛住下。過了幾天，逢侯醜見不到張儀，只得上書秦王。秦王回信說：「既然有約定，寡人當然遵守。但是楚未與齊絕，怎能隨便簽約呢？」

逢侯醜派人向楚懷王彙報，懷王哪裡知道秦國早已設下圈套，立即派人到齊國，大罵齊王，於是齊國絕楚和秦。

這時，張儀的「病」也好了，碰到逢侯醜，說：「咦，你怎麼還沒有回國？」

逢侯醜說：「正要同你一起去見秦王，會談送商於之地一事。」張儀卻說：「這點小事，不用秦王親自決定。我當時就已說將我的奉邑的六里，送給楚王，我說就算數。」逢侯醜說：「你說的是商於六百里！」張儀故作驚訝：「哪裡的話！秦國土地都是征戰所得，豈能隨意送人？是你們聽錯了吧！」

逢侯醜無奈，只得回報楚懷王。懷王大怒，發兵攻秦。可是現在秦齊已經結盟，在兩國夾擊之下，楚軍大敗，秦軍盡取漢中之地六百里。最後，懷王只得割地求和。

懷王中了張儀無中生有之計，不但沒有得到好處，相反卻喪失大片國土。

【現代案例】：憑空編造的伊那鎮寶地

伊那鎮是地處日本偏僻地區的城鎮，不僅地方偏遠，旅遊資源也貧乏。日本人為了發展「無煙工業」的旅遊工業，來增加更多的經濟收益，因此採用了「無中生有」的計策的辦法，想趁此大發利市。

日本當地政府為了新興各地鄉鎮貧瘠的觀光旅遊業，不僅為了聚財聚人氣之外，還需要有更長遠的經濟流動。於是文化探查員四處了解各地的風俗民情和文化歷史，經過幾個月後終於有了成績。伊那鎮地區的部分，終於搜集到「俠客勘太郎」的民間故事，儘管這只是流傳的神話而已，但是旅遊工業的主管卻要大家藉題發揮、發揮想像並大作文章，硬是要創造出「人為的古蹟」。

伊那鎮的政府文化部門工作者，及全體鎮民們都為了推廣觀光而動員起來。不久後，伊那鎮的火車站廣場中心上，沒來由地樹立起一座勘太郎的銅像。許多書店裡，讀者會驚奇的發現，許多描寫勘太郎仁心俠骨、濟困扶危等感人事蹟的故事，大量地出現在書架上。旅遊紀念品店中，也會突然地冒出勘太郎的木雕、腰帶、兵器等好玩商品，等著遊客們歡喜帶回。在大街小巷到處傳唱著勘太郎的歌曲。勘太郎開始成為當地的新偶像，只要有關勘太郎的事物就必定造成熱潮。

勘太郎這號人物突然出現在伊那鎮的生活中，不知何時開始被人們傳誦著、景仰著，也被當地的人民、政府單位刻意的努力經營著，不知不覺成為消費市場上的新寵兒、家喻戶曉的英雄了。因為靠著近似憑空編造的故事，使得勘太郎這號「無中生有」的神奇人物大為走紅，他的誕生地伊那鎮的人氣指數也隨之蓬勃起來，最後成為日本遠近馳名的觀光勝地。

第三節　無中生有情境：關鍵、執行與練習

自古以來思想家們都在爭論人性善惡，較正確或較多認同是善惡同體。若是，則無中生有是人性中惡質面的展現，本質就是不懷好意的，要操作得正派與善意是很困難的。因為人只要從中獲利，絕大多數人就顧不了道德原則，能獲大利益後再如范蠡一樣放下是稀有的。

擴大運用無中生有之計，「無」可指沒有條件，「有」可指創造出條件。例如，沒有資金的人，說服有資金的人合作創業或買賣，成就了不起的事業，就是無中生有，空手取天下。

為深化本計的學習效果，以下再從關鍵要素、執行問題和九宮格練習，提供進一步反思和說明。

無中生有要素及反思

——一種「虛虛實實」及「由虛變實」的戰略

1. 關鍵要素：

・傳統思維模式是受限制的。

- 直接攻擊（如利用現成的參與者）無效。
- 創造一個新參與者／實體。
- 發展一個對手料想不到的攻擊。
- 這個參與者／實體讓對手猝不及防。
- 你或新參與者／實體戰勝對手。

2.執行的問題：

- 直接攻擊（即利用現有的參與者）看起來像什麼？
- 你能否構思新的簡單有效商業模式。
- 萬一引入新的參與者，會改變你什麼成功機會？（盡可能列舉）
- 每次引入新的參與者，會產生什麼衝擊？
- 新事件、新事物、新對手有什麼貢獻嗎？
- 評估每個參與者、會拿走什麼利益？

3.執行無中生有的自主練習九宮格

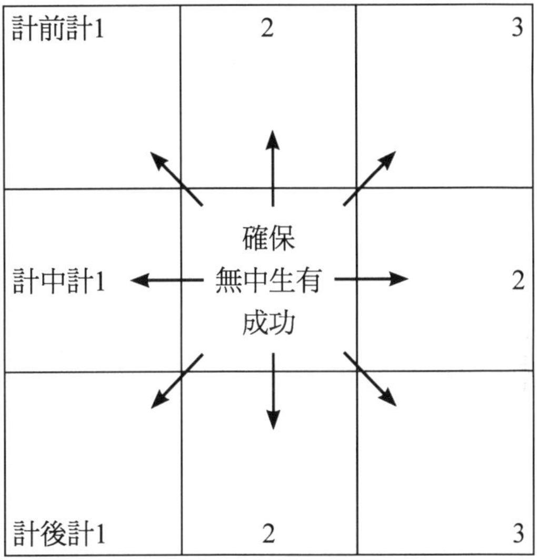

小結

(1)應用特性　在肥料的營銷上，無中生有往往在促銷和宣傳中使用。企業向消費者傳播許多模糊概念和無法認定的信息，將自己的企業和產品進行包裝。還有部分企業在新產品開發上炒作新概念，比如某某新型生產技術，引起競爭對手的誤解和盲目跟進。企業也可以在對方的市場上進行促銷方面的明顯動作，引起競爭對手的注意，而目市場和產品推廣卻另有選擇和突破方向。

從營銷的角度來說，無中生有既可以用在宣傳促銷方面，也可以用在產品推廣方面，由於農村市場上存在著嚴重的信息不對稱性，因此，無中生有的計謀往往非常奏效。

(2)**市場基礎** 在企業的主要市場和未開發市場均可以採取無中生有的謀略。在企業的主市場上，無中生有可以給競爭對手以突然性的打擊，在待開發的市場上，無中生有可以使對手猝不及防，市場條件是選定的市場要適合本企業產品的推廣銷售。

(3)**產品定位** 樹立產品新形象，宣傳產品新概念。

(4)**營銷目標** 在與同類產品競爭中，突出本企業產品的特別優勢，比如生產工藝優勢、原材料優勢、產品特殊效果以及產品之間的差異化。

(5)**準備措施** 謀劃產品營銷新方案，特別是促銷新方案。在產品賣點上力求變化，比如可以考慮更換新包裝。

(6)措施實施　在銷售旺季到來的時候，集中優勢進行產品的促銷，主要是媒體的促銷，力求達到突出的效果，並且提高普及度。

【附　註】

註一　明・余邵魚，《東周列國誌》（台北：大台北出版社，民國七十五年五月），第八十四回。

註二　同註一，頁六三七。

註三　漢・司馬遷，《史記》（台北：宏業書局，民國七十九年十月十五日），頁一七四三。

註四　同註三，頁一七五二。

第八章 暗渡陳倉

「明修棧道，暗渡陳倉」之原型，是吾國漢朝大兵法家韓信所創造。但古今中外戰史上使用此一計謀甚為普遍，如呂蒙裝病瞞關羽奪回荊州，鄧艾偷渡陰平滅蜀漢，狄青歡宴候捷報等都是。

在西方現代如希特勒突襲蘇聯，盟軍諾曼地登陸，韓戰時美軍仁川登陸，季辛吉秘密訪華，第一次美伊之戰（沙漠軍刀計劃）等都是暗渡陳倉之作。

惟美軍的「沙漠軍刀」計劃，已是升級版的「現代科技暗渡陳倉」。已非傳統的一面派人修棧道，一面大軍渡陳倉，而是用同一支部隊先修棧道，示形於敵（伊軍），待敵主力被吸引過來，再以快速機動力將這支部隊，於短時間內暗渡「陳倉」。以達到出其不意，攻其不備的效果，根本上也未脫離以實擊虛的戰爭法則，以迂為直、以明隱暗、以正蔽奇，是暗渡陳倉三個重要內涵。

第一節 范蠡與暗渡陳倉

暗渡陳倉基本操作時機模式

暗渡陳倉的基本思維，在採行正面佯攻，當敵人被我軍吸引牽制時，另以一支部隊迂迴敵後，乘敵空虛時機，進行決定性突擊。這即明示的企圖是佯動，主要在迷惑和牽制敵人（對手），暗中進行的才是主攻，奪取主目標所要之最大戰力所在。

此計與聲東擊西有相似之處，都有迷惑敵人、隱藏主力部隊的進軍方向。二者不同處，聲東擊西隱蔽的是攻擊點或區域，暗渡陳倉隱蔽的是攻擊線（作戰線、補給線）。但說到所有戰爭法則的不變原理，都不外虛實、有無、奇正之變化，暗渡陳倉也是在創造以實擊虛的機會，沒有把握好戰機，空有模式何用？

暗渡陳倉擴大運用時機模式

所謂「奇正相生」，以奇用兵，都是從基本模式的原理變化出來的，唯有經由正常用兵為掩飾，才能出奇制勝。沒有「明修棧道」，示形或示強於敵，就無法擾亂敵人的判斷，也就難於得出「暗渡陳倉」之勝果。因此，明修棧道和暗渡陳倉，是存在著因果關係。

人生會面臨很多挑戰、競爭，很少有一帆風順就可以有所成就。如各式各樣的體育比賽，在賽場上，你不斷使出「明修棧道」（佯動），就是為了抓準時機「暗渡陳倉」，真實企圖以取得最後勝利，不是嗎？人生在很多場域，職場、商場，太早明示真心企圖，通常就見光死！

范蠡的暗渡陳倉

整體來看范蠡的「興越滅吳」計劃，從全部執行過程到完勝滅吳止，可以說是一套「大戰略級的明修棧道」，利用無數種佯動迷惑了吳國君臣，最後才有機會暗渡陳倉，取得完勝而成就千古美談。這部分各章已多所論述，本章略說范蠡「鴟夷子皮」

自號（商號），其中的「明」修棧道，「暗」渡陳倉。

范蠡二徙到了齊國今之渤海灣，隱姓埋名改自稱「鴟夷子皮」，同時做為塩行的商號。歷史上有些研究，為何要取這樣的名號？用意何在？總結來理解，鴟夷子皮可以是一種策略性明修棧道（示形、迷惑、佯動），而真實動機在暗渡陳倉，且有四「暗渡」意涵。

第一、隱姓埋名防勾踐追殺。若范蠡晚走半步已被勾踐殺了，歷史上就沒有「陶朱公」。滅吳後范蠡向勾踐提出辭呈，《史記》卷四十一〈越王勾踐世家第十一〉記載說：（註一）

> 「臣聞主憂臣勞，主辱臣死，昔者君王辱於會稽，所以不死，為此事也。今既已雪恥，臣請從會稽之誅。」勾踐曰：「孤將與子分國而有之。不然，將加誅于子。」范蠡曰：「君行令，臣行意。」乃裝其輕寶珠玉，自與其私徒屬乘舟浮海以行，終不反。

勾踐還算誠實，留下來國家分一半給你，不然，就殺了你。范蠡何許人？怎會相信！根據史料顯示，范蠡離開後，勾踐還派殺手四處尋找。當范蠡成為一介百姓，仍有很高的危機管理意識，用「鴟夷子皮」把自己深藏，才能安全做生意賺錢。

第二、對齊國王公貴族掩飾與釋放訊息。「鴟夷子皮」本是一種牛皮做的袋子，裝酒盛水皆可，也有「酒囊飯袋」之意涵，或言外之意是光會吃飯喝酒的生意人。到了齊國，范蠡只想好好做生意，不想和王公貴族有生意以外的關係，這之間當然也有安全考量。

因此，「鴟夷子皮」確實代表范蠡真實的心意：「我原本就是凡夫俗子，從此以後，再不聞政事國事，卻每日都要飲酒吃飯，在那些王公權貴看來，也就是一個酒囊飯袋。」（註二）范蠡的佯動與真意初期是成功的，但當他事業體越大，目標和名聲就越大，又驚動了齊國政界，害他又必須「走為上計」！

第三、對伍子胥的敬重和紀念。范蠡和伍子胥同是楚國人，且對子胥父兄冤死是同情的，《越絕書》提到范蠡曰：「子胥負冤莫伸，因以挾弓矢干吳王……」（註三）歷史對伍子胥也高度肯定，《史記》記載：

向令伍子胥從奢俱死，何異螻蟻。棄小義，雪大恥，名垂於後世，悲夫！方子胥窘於江上，道乞食，志豈嘗須臾忘郢邪？故隱忍就功名，非烈丈夫孰能致此哉！白公如不自立為君者，其功謀亦不可勝於者哉！（註四）

這是伍子胥的復仇故事，千百年來，各種戲劇、說書，乃至台灣歌仔戲，一演再演，不去贅述。對這樣有大義之烈丈夫，范蠡是敬重的，是范蠡心中可敬的忠臣，伍子胥則稱范蠡是「聖臣」，可見二人多麼相知相惜。只因身在敵對之國，當夫差賜死伍子胥後，用「鴟夷子皮」盛其屍體，沉之於江。

戰後范蠡回顧此事，內心充滿愧疚和惋惜，就給自己取名「鴟夷子皮」，表達對一代忠臣的敬意和紀念。（註五）還有一層意義，似乎范蠡和伍子胥同在，二人合一體了，伍子胥仍活著，就叫「鴟夷子皮」，這就是范蠡「暗渡陳倉」的真相，也是一個結果。

第四、開啟一張「庶民經濟」的品牌。范蠡等一行到了齊國今之渤海萊州灣一帶，這裡自古就有煮鹽的傳統行業，范蠡經過很多考察，他發現各個村落鹽戶普遍貧窮，有三個原因：㈠都是個體戶分散經營，利潤太低；㈡收購價被城裡商人壟斷壓低，鹽民只賺到勞力錢；㈢煮鹽戶已達飽和狀態，這和戰亂有關，外商進不來，貨出不去。（註六）原來古今經濟法則都一樣，萊州灣鹽民貧窮的原因，如同今之「高雄問題」（乃至是台灣問題——貨出不去，人進不來）。

范蠡從中看出巨大的「庶民經濟」商機，他將鹽戶組織起來，以合作產銷經營方式，高舉「鴟夷子皮鹽行」大旗，以最好價錢收購所有的鹽。國際貿易是范蠡的專長，大約一年左右他的鹽已賣到秦、魯、宋、衛、晉等國和齊國各地區，同時開始買賣民生必需品，如糧食、毛皮、藥材等。而萊洲灣鹽民都成了「鴟夷員工」，也有的成為「鴟夷分行」。

從「庶民經濟」的觀點看，范蠡取名「鴟夷子皮」的真實心意，就是要貼近一般庶民的心，與百姓生活同步。鴟夷子皮就是吃飯喝酒的小老百姓，這是范蠡暗渡陳倉本意之一。

第二節　暗渡陳倉之理論、詮釋與舉例說明

第八計：暗渡陳倉

【原　文】

示之以動①，利其靜而有主②，益動而巽③。

【按　語】

奇出於正④，無正不能出奇。不明修棧道，則不能暗度陳倉。昔鄧艾屯白水之北；姜維遣廖化屯白水之南，而結營焉。艾謂諸將曰：「維令卒還，吾軍少，法當來渡，而不作橋，此維使化持我，令不得還。必自東襲取洮城矣。」艾即夜潛軍，徑到洮城。維果來渡。而艾先至，據城，得以不破。此則是姜維不善用暗度陳倉之計；而鄧艾察知其聲東擊西之謀也。

【注　解】

①**示之以動**　示，展現給人看。動，指軍事上的正面佯攻、佯動等迷惑敵方的軍事行動。

②**利其靜而有主**　主，專心，集中。即敵方靜下心來專注（我方的佯動），則利於我方。

③**益動而巽** 語出《易經・益》卦。益，卦名。此卦為異卦相疊（震上巽下）。上卦為巽，巽為風；下卦為震，震為雷。意才風雷激蕩，其勢愈增，故卦名為益，與損卦之義，互相對立，構成一個統一的組卦。《益卦》的《彖》辭：「益動而巽，日進無疆。」是說益卦下震為雷為動，上巽為風為順，因此，動而合理，是天生地長，好處無窮。益動而巽的意思是，充分發揮軍事行動的靈活性，像風一樣乘虛而入，迂迴偷襲。

④**奇出於正** 奇、正，為古代用兵的基本方法，是為常法。正、是常規作戰，奇是暗取、偷襲等不正規戰術，是為用兵是變法。《孫子・勢篇》：「凡戰者，以正合，以奇勝。」《尉繚子・勒卒令》：「故正兵貴先，奇兵貴後；或先或後，制敵者也。」

【譯　文】

故意暴露我方的行動以迷惑對手，再利用敵人固守不對的機會偷襲，攻其不備，出奇制勝。如同《易・益卦》中所講的，表面卑微順和但暗中行動，即能致勝。

出奇制勝的方法，來自正常的用兵法則。如果沒有正規的用兵法則，就不會有出奇制勝的用兵方法：不公開修築棧道，也就不能暗中東渡陳倉。古時候，鄧艾駐軍白水岸。三天後，姜維令廖化進到白水南岸，並駐紮營寨。鄧艾對諸將說：「姜維大軍突然撤走了，我方兵力不多，按照作戰需求，他應該不等造好橋樑便先渡河來攻擊；現在反而沒有動靜，估計是為了阻斷我軍歸路，特派廖化前來進行牽制，而他自己必定率領大軍從東襲取洮城（今甘肅省岷縣以西）。」說罷，下令當夜以小路一直偷回洮城。果然，姜維正在那裡渡河，但鄧艾大軍先進城，因此該城幸而未被攻陷。這是姜維不善運用「暗渡陳倉」的謀略，而鄧艾卻善於識破姜維的「聲東擊西」謀略的戰例。

【出　處】

此計出自於楚漢之爭，《史記・高祖本紀》全名為：「明修棧道，暗渡陳倉。」是漢初三傑之一的韓信所運用的一個計謀。

【成功關鍵因素】

計策含義：指正佯攻，當敵軍被我方牽制而集結固守時，我軍偷偷派出部隊從敵方後面乘虛而入，以進行決定性的突襲。本計與三十六計中的第六計「聲東擊西」有相似之處，皆有迷惑混淆、隱蔽表象進攻的作用。而差異處在於：「聲東擊西」隱蔽的是攻擊點，「暗渡陳倉」隱蔽的是攻擊路線。不過本策略是否能進行，還是得決定於「聲東擊西」的進行是否成功，兩者是具有關聯性。

核心思想：「明修棧道」是做表象給敵方看，以便於吸引目光和牽制敵人的作戰力量，而「暗渡陳倉」才是我方所要達到的真正目的。本計是適合我軍不以正面攻擊時使用，又另有可「渡」之道的情況下使用。修棧要「明」，讓敵方清楚知道，渡陳倉要「暗」，掩人耳目之為，如此一明一暗，才有行動成功之可能。

商戰用法：本戰術是一種示假隱真的謀略。是利用對方看得見、摸得到的表象來蒙騙對手，使敵手鬆懈防備之際，暗地實行作戰計畫，便能出奇致勝。「暗渡陳倉」也常用在推銷手法上，推銷員常以「試吃」或「試用」來引誘消費者，名義上是讓消費者試試看，但實際上卻是要讓消費者在不知不覺下認同產品，並選購商品，即可達到銷售目的。

用計心法：商戰中，所使用戰術若要「暗」著來，「明」的還是得先穩住陣腳。乍看之下是為了服務顧客群，而實際上還是以公司的利益出發為立場。因此經營者應善於剖析市場的形勢，以外在競爭來制定有效的作戰方案，才能暗渡陳倉，掩人耳目的完成銷售目的。

【歷史案例】：明修棧道，暗度陳倉——韓信平三秦

西元前二〇七年，項羽進兵鉅鹿，大敗秦軍，自立於「西楚霸王」，分封天下。當時，關中（今陝西一帶）原本是由劉邦早先一步進駐，但勢力強大的項羽進入關中時，逼迫劉邦退出，鴻門宴上，劉邦險喪命，脫臉後只得退駐漢中（今陝西西南山區）。

劉邦退走時，將漢中通往關中的棧道全部燒毀，表示不再返回關中，將自己封閉其中，稱為漢王。其實劉邦並沒有放棄天下的雄心，燒毀棧道，目的是為了迷惑項羽，使他鬆懈防備。

後來劉邦得軍事大將韓信，請他策劃奪取天下的部署。韓信計劃先奪取關中，打開東進之門。

西元前二〇六年，劉邦接受韓信的建議，定下「明修棧道，暗渡陳倉」的計策。出兵東征前，劉邦派士兵去修復已被燒毀的棧道，項羽聞訊，派人密切注意修復棧道的進展，且派出主力部隊在那條路線的關口嚴加防範。

負責守關中西部的章邯，時常派兵巡查，見棧道修復困難，劉邦又只派出幾百士兵，笑道：「誰叫劉邦當初要燒毀棧道！棧道那麼長，再修築可是萬難，就這麼幾百人，看你們何年何月才能完成。」

不久，有急報傳到，說劉邦大軍已占陳倉（今陝西省寶雞市東），章邯起初不相信，派人去打聽，等到證實後，慌忙領兵抵抗，卻已來不及。章邯被逼自殺，劉邦繼續率軍進擊，駐守關中東部的司馬欣和北部的董翳也相繼投降，號稱三秦的關中地區，於是全部劉邦佔領。

原來，韓信表面上派兵修復棧道，裝要從棧道進擊的姿態，將敵人的注意力分散，然後暗中繞經故道（在今鳳縣、寶雞之間）偷襲陳倉，結果大敗章邯，平定三秦。

【現代案例】：公仔大戰華麗登場，你所不知道的公仔行銷！

在公仔行銷上，最成功的代表可以說是「連鎖便利商店」，運用公仔製造行銷熱潮，並帶來業績的成長，也可說是帶來了「公仔瘋」。自7-eleven的Hello Kitty胸章收集先掀起熱潮後，進而帶動公仔的潮流，許多知名的連鎖便利商店也相繼的投入這個行銷手法，如全家便利商店、萊爾富便利商店也都紛紛跟進，因此也捲起一股收藏風潮。

統一超商於二〇〇六年三八婦幼節推出「Hello Kitty與你環遊花花世界」以來，深受各界喜愛，尤其以「購滿七十七元即可換一枚」，可說是創了當時行銷手法的先例，別小看「七七」這個數字，背後有你所不知道的行銷策略喔！

根據當時7-eleven做出的數據來看，每顧客平均消費大致為六十二到六十五元不等，如何讓顧客願意提高購買單價，讓營業額提高，變成了7-eleven當前的課題！

有鑑於麥當勞在一九九九年與Hello Kitty合作，成功推出一系列商品相關活動，7-eleven也將腦筋動到「公仔」上來了。誰也沒想到，這小小的「贈品胸章」，會為7-eleven帶來龐大的商機，也引爆接下來的「公仔大戰」！

7-eleven推出這個「滿七十七元送Hello Kitty胸章」，除了想利用公仔來吸引消費者目光造成風潮，但更重要的是，它想要因此而提高顧客的消費單價，增加營業額！

在「公仔」的吸引掩護下，消費者會認為只要多買一件商品即可達到七十七元的門檻，既可以得到自己所需，又可以得到「公仔」贈品，何樂而不為，因而紛紛願意把錢掏出來，卻也在不知不覺中提高了自己的消費額。

「Hello Kitty胸章」二〇〇六年的全店行銷計劃為7-eleven創造空前的耀眼業績，不僅在同年的五、六、七，三個月創下營業額新高，而且七月份的營收也達到一〇一・八九億元，這三個月約有五十億元的營收，淨利高達五億元。

7-eleven就利用了公仔，暗渡陳倉地悄悄將你我口袋裡的錢給偷了出來！

評論：7-eleven能在競爭激烈零售業，脫穎而出，除了整合通路與產品多樣外，在行銷策略上，他們也下足了苦心。小小的公仔，卻成了7-eleven不可或缺的金雞母，令人意想不到！7-eleven成功運用了「暗渡陳倉」之計，雖然「公仔」表面上是帶領風潮的一項噱頭，但卻暗地成為最佳吸金工具。讓7-eleven不僅「面子」上風光，「裡子」也賺得飽飽的！

第三節　暗渡陳倉情境：關鍵、執行與練習

「明修棧道，暗渡陳倉」，基本操盤模式，僅「明、暗」二字之中，就此二字古今中外已不知多少變化！明的是公開做的「假動作」，但和真的一樣，才能使敵信以為真；暗的是秘密進行的真企圖。而能否使用此計，一舉完勝殲敵，取得最大利益，就看時機的把握了！

為深化本計的學習效果，再從關鍵要素、執行問題和九宮格練習，並加全方位說明，必使學者得心順手。

暗渡陳倉要素及反思

——以「明修棧道」為前提的攻擊策略

1. 關鍵要素：

- 預測對手期望會發生的攻擊（即正規攻擊）。
- 預測對手最有可能抵制攻擊的行動？
- 在行動時，對手把自己暴露在什麼「非正規的」攻擊面前？（盡可能列舉）
- 佯裝「明顯的」攻擊和每次發動「非正規的」攻擊結果？
- 加強對手對「明顯」攻擊的期望值？

2. 執行的問題：

- 對手期望會發生怎樣的正規攻擊？
- 對手是否偵測你的意圖與行動？
- 對手抵制攻擊的行動是什麼？
- 對手把自己暴露在什麼「非正規的」攻擊面前？（盡可能列舉）
- 佯裝「明顯的」攻擊和每次發動「非正規的」攻擊的結果是什麼？
- 怎樣加強對手對「明顯」攻擊的期望值？

3.執行暗渡陳倉的自主練習九宮格

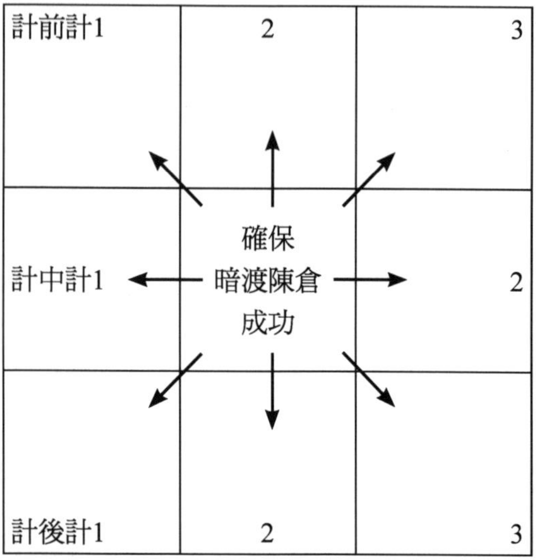

小結

(1)應用特性　主要應用於價格競爭方面。價格戰是肥料行業中常見的競爭方式，但是，許多企業採取隱蔽性的營銷活動，起到了暗渡陳倉的效果。另外也應用於產品調整方面，企業常規產品品種採取價格競爭的方法，而新產品或者新配方產品卻走高價位策略，企業已經悄然改變產品營銷的轉移。應用於市場調整方面也是如此，企業表面在主市場持續作宣傳廣告，而實際上，銷售重點已經轉移，開始市場的深度營銷或者轉移重點市場。

從營銷的角度來說，暗渡陳倉是很好的計謀，農資產品生產的科技含量目前來說不是很高，產品的同質化現象非常嚴重，一個企業剛剛研製出一種新的產品，一旦投入市場就會立刻被仿製，所以需要暗渡陳倉這樣的營銷策略來支持銷售。

(2)市場基礎 應用於本企業產品和其他企業產品競爭持續時間比較長的市場。

(3)產品定位 尋找新產品的市場定位、尋找新市場。

(4)營銷目標 在努力維持老產品銷售量的同時，以舊換新，產品更新換代。建立新的價格體系。企業調整並轉換新市場。

(5)準備措施 在市場方面，要調查新市場，做好市場促銷準備。在產品方面，要預先進行產品試驗，調整產品配方，可以考慮更新包裝。

(6)措施實施 營銷活動要保持隱蔽性，按照市場營銷方案有條不紊地進行各項業務工作，即使在市場上取得了銷售業績，也要保持傳媒的安靜，不要引起競爭對手的關注。

【附註】

註一 漢・司馬遷，《史記》（台北：宏業書局有限公司，民國七十九年十月十五日），頁一七五二。

註二 雷蕾，《千秋商祖范蠡》（台北：信實文化行銷有限公司，二〇一一年九月），頁二七一。

註三 漢・袁康、吳平撰，今人楊家駱主編，《越絕書》（台北：世界書局，民國五十一年十一月），初版，第七卷。

註四 同註一，見〈伍子胥列傳第六〉，頁二一八三。

註五 范聖剛、范揚松，《商戰春秋陶朱公》（台北：聯合百科電子出版有限公司，二〇一九年十二月十五日），頁七五。

註六 同註五，頁七三。

第九章 隔岸觀火

「隔岸觀火」和「趁火打劫」，可以說是人類社會和國際叢林最普遍的現象，乃是人性自私表現於外之證據。但這兩計各有重點，前者在「觀」，觀敵自亂；後者在「打劫」，乘敵自亂，從中取利，在人海之際，大集團、小圈圈，無日不有！

但放大到政黨鬪爭、政治鬪法、列國爭雄、侵略拼吞，及古今人類最愛的活動──戰爭，還有賺錢營利的滿足──商戰等，隔岸觀火則大有學問，從「觀火」到「點火」，其妙無窮！

古今中外政權之更替，興起的勢力對「即將滅亡的勢力」，通常先「隔岸觀火」，接著「趁火打劫」，加以「最後一根稻草」使其結束，一個新朝代便誕生了！

在商戰、政爭、軍事戰爭等，操作手法程序大約如是。戰國時代陳軫獻計秦王觀虎鬪、孫臏救韓緩一步，三國曹操除二袁。近代的越戰、韓戰、中日戰，都使很多「漁翁」得利。而近三十年來，美國人從「觀火」進化到「點火」，在伊拉克、阿富汗、利比亞內部點火，再打劫獲利。美國目前點燃最大之火在中國——貿易戰——制壓中國或燒垮中國。

第一節　范蠡與隔岸觀火

隔岸觀火基本操作時機模式

當敵人已明顯出現內部動亂、失控的狀態時，先不急著去攻擊，急於攻打反促敵營團結對外。要靜觀其變，暗中準備攻打時機，待其內部互殺至各方傷亡慘重，一舉殲敵消滅之。這是古今以來，隔岸觀火基本操作時機模式，光是三國時代之兵家、將領，用了無數回。

隔岸觀火有消極式和積極式。消極只須坐「觀」，不必出一兵一卒，不費任何資源，取得巨大「漁利」。如曹操坐觀公孫康殺二袁（袁尚、袁熙）。

積極的隔岸觀火，要主動在敵營（對手、競爭者）內部「點火」，製造有利態勢，讓火燒得越大越好，相機介入完成所要目標。當今俄國普丁統一克里米亞是最佳典範，未來中國統一台灣大約如是。

隔岸觀火擴大運用時機模式

隔岸觀火之妙也在於一個「隔」字，隔，隔開、隔離，不直接介入也。不介入是不直接出兵（因出兵必有傷亡），能獲巨利，何樂不為？在軍事上能零傷亡而取勝，是謂「全軍」。是故，當敵方（或要統一的對象），內部自亂，要先採坐山觀虎鬥的態度，暗中積極點火，加速其內部矛盾更激化，相機出手，一舉殲敵。

隔岸觀火最積極的作為，就是《孫子兵法》的〈火攻篇第十一〉所述：「凡火攻有五：火人、火積、火輜、火庫、火隊。」（註一）「火」是發動戰火，毀其人口集中的都市、毀其軍火工業區、毀其後勤補給運輸、毀其武器裝備儲存庫、殲毀敵之大部隊。若五火都完成，必可滅其國，此隔岸觀火之極致也。

權力鬥爭是人類這物種特有之專利，人類一切行為的各種公私領域，必有濃淡不一的權力之爭。靜觀各個場域，多少人深藏不露，隔岸觀火；或迷失在權力慾海中，多少人背祖忘宗，奪人江山，但內心始終不安，因為到處都有隔岸觀火人，乃至暗中點火人！而范蠡隔岸觀火又點火，滅了吳國，他心中會不安嗎？

范蠡的隔岸觀火

范蠡的隔岸觀火俱有大戰略級的國際觀，也就是能坐觀天下大勢，觀天下諸國之火，而做出正確判斷和選擇的人。這種大智慧從年輕時代到老年，范蠡總對所有要進行的事精準「觀」之，客觀、冷靜以對。筆者以為這種境界和素養，來自《老子》思想：（註二）

> 古之善為士者，微妙玄通，深不可測。夫唯不可識，故強為之容。豫兮若冬涉川，猶兮若畏四鄰，儼兮其若客，渙兮若冰之將釋，敦兮其若樸，曠兮其若谷，混兮其若濁。孰能濁以靜以徐清？孰能安以久動之徐生？保此道者不欲盈，夫唯不盈，故能敝而不成。

這是《老子》第十五章，講為士的素養，「豫兮、猶兮、儼兮、渙兮、敦兮、曠兮、混兮」，七種素養都要接近滿分，天下大勢便能洞若「觀火」。吾國歷史上姜太公（謀聖）、孫子（兵聖）、孔明（智聖），都是此種大智者。而范蠡是超越他們的雙聖（商聖、聖臣），他的「觀火」也就更精準，「點火」更嚇人了！他的一生行誼都是證據，僅列舉幾項。

第一、十八歲的范蠡觀天下之火。文種三顧矛廬，終於見到年輕的范蠡，還未滿十八歲，范蠡為文種發表了一篇〈天下大勢與未來去向分析〉，歷史上稱〈宛邑對〉，與後來的孔明〈隆中對〉並稱。孔明出山時已二十八歲，范蠡未足十八歲，《越絕書》記載這篇〈宛邑對〉。（註三）

……君子違時，不入仇邦，忌反攻其故國也。為雪今日之恥，又不失故國之親。無已，其往越乎！越王允常親於楚，時與楚聯兵伐吳。楚靈王觀兵坻箕山之役，越軍深入過舒，為吳人敗之於鵲岸。楚以舟師代吳圍陽之役，越大夫胥犴勞王於豫章之汭，越公子倉公子壽夢歸王乘舟，又率師從王……霸業創立，非吳即越，君如去越，蠡願隨供犬馬之役。

這麼年輕的范蠡竟把當時吳、楚、越的關係，包含戰史、外交，如此簡明的講給已是縣長的文種聽。並告訴文種「不入仇邦」，君如去越，願意隨他奔越。這是十八歲的范蠡隔岸（宛邑，今河南南陽），觀火（吳、楚、越之情勢），選擇和文種到越國「創立霸業」。我等思之，吾人十八歲時在想什麼？肚裡有多少貨？

第二、觀吳國伯嚭和伍子胥內鬥之火，並持續「點火」。吳國君臣從夫差到太宰伯嚭已全部傾向越國，伯嚭已儼然是范蠡代言人，唯一主張消滅越國的只有伍子胥孤單一人。所以伍子胥和伯嚭二人長期處於對立狀態，不斷向夫差諫言，引例看二人鬥爭。

周敬王三十四年（前四八六年）夏，夫差準備伐陳、齊、魯、晉等國，大發民工開築水道。越為取得夫差信任，派萬人民工、糧百船，助吳北進中和工程進行，夫差和伯嚭大喜，唯伍子胥痛心諫吳王曰：（註四）

> 今王不以越國是圖，而圖齊魯，是忘內憂而醫疥癬之疾也。齊魯豈能涉江淮而與我爭此地戰？……
>
> 而又三年聚材，五年工作，高高下下，以疲民於溝瀆與姑蘇台池……王其時

將無方收之矣！

伍子胥說的是真話，北方各國與吳習俗不同，言語不通，爭霸空得虛名，且置國家於險境，夫差好像聽懂了。不料伯嚭的諫言又打敗了伍子胥。

君王若伐齊而勝之，移其兵以臨晉，晉必聽命矣。是君王一舉而服兩國也。兩國服，則君王之令行於上國矣，又何懼於越？（註五）

這是吳國的內鬥之火，而點火人就是范蠡和文種二人（與越滅吳政策主要是此兩人所訂，文種負責內政文事，范蠡負責國防、軍事和外交）。范蠡都洞若觀火，終於夫差賜死伍子胥，率大軍北進中原，隔岸觀「火」就是等這種機會。

第三、觀吳國天災之火。隔岸所觀之火，主要是天災和人禍兩種，吳國內亂內鬥是人禍，而天災則是天上掉下來的機會。周敬王四十二年（前四七八年），吳國發生大旱災，范蠡和文種為勾踐提出作戰構想：（註六）

今吳民既疲憊不堪，在大飢荒之下，市無赤米，倉廩空虛。甚民必移東海之濱，以就蒲蚌之食，人民怨謗。今若起兵突乘之，吳邊遠之兵必不能救。且吳王將恥於不戰，必以其國都之兵迎戰，我遂可乘其求兵未至，而各個擊滅之。

於是，這年三月，越國五萬大軍攻入吳國，是第二波攻吳笠澤之戰。（註七）戰爭持續五年，到周元王三年（前四七三年）十一月丁卯日，夫差自殺，吳國滅亡，范蠡他善於隔岸觀火、點火乎？

有人類就有戰爭（及各類鬥爭）。戰史學家將有史以來的戰爭分三波，農業時代的第一波，工業革命啟動第二波，電腦出現進入第三波戰爭時代，而賓拉登創造的「九一一」開啟第四波戰爭新模式。（註八）總算為阿拉子民出了一口氣，也給邪惡的美帝一個警告。

范蠡執掌的是第一波之火，賓拉登創建的是第四波之火，不論那一波，觀火須要大智慧，才能做出正確判斷和選擇正確行動方案；而點火須要大謀略和大勇氣，才能產出大戰果。現在讀者應能感覺到，隔岸觀火不是看戲，裡面很多大智慧、大謀略、大學問！

第二節 隔岸觀火之理論、詮釋與舉例說明

敵戰計

第九計：隔岸觀火

【原 文】

陽乖序亂①，陰以待逆②。

暴戾恣睢③，其勢自斃。順以動豫，豫順以動④。

【按 語】

乖氣浮張，逼則受擊，退則遠之，則亂自起，昔袁尚、袁熙⑤奔遼東，眾尚有數千騎。初，遼東太守公孫康，恃遠不服。及曹操破烏丸⑥，或說曹遂征之，尚兄弟可擒也。操曰：「吾方使康斬送尚、熙首來，不煩兵矣。」九月，操引兵自柳城還，康即斬尚、熙，傳其首。諸將問其故，操曰：「彼素畏尚等，吾急之，則併力；緩之，則相圖，其勢然也。」或曰：此兵書火攻之道也。按兵書《火攻篇》⑦前段言火攻之法，後段言慎動之理，與隔岸觀火之意，亦相吻合。

【注解】

①**陽乖序亂** 陽，指公開。乖，違背、抵觸，此指敵方內部矛盾激化，以致公開地表現出多方面的秩序混亂，相互傾軋。

②**陰以待逆** 陰，暗中的。逆：叛逆。此指我暗中靜觀敵變，坐待敵方出現更進一步惡化的局面。

③**暴戾恣睢** 戾，兇暴、猛烈。睢，任意非為。這裡指横暴凶殘、相互仇殺。

④**順以動豫，豫順以動** 語出《易經・豫》卦。豫，卦名。本卦為異卦相疊（坤下震上）。本卦的下卦為坤為地，上卦為震為雷。是雷生於地，雷從地底而出，突破地面，在空中在飛騰。《豫卦》的《彖》辭說「豫，剛應而志行，順以動」。豫卦之意是順時而動，正因為豫卦之意是順時而動，所以天地就能隨和其意，做事就順當自然。這裡指採取自然順應的態度，不要逼迫敵人，而讓其內部自相殘殺，我方再乘機取利得勝。

⑤**袁尚、袁熙** 三國時代袁紹之子。袁紹曾在同北一帶建立龐大的勢力，袁紹死後，另一子袁譚在南皮城為曹操所殺害。尚、熙兄弟則在魏將焦觸的攻打下，逃到遼西烏丸，在烏丸被打敗後，二人又投靠遼東公孫康。

⑥**烏丸** 即烏桓，東胡族，因居烏桓山（今遼寧省昭烏達盟阿魯爾科沁旗西北）得名。漢末曹操滅良。遺族後來居住在那河（今嫩江）之北，自稱「烏丸國」。

⑦**《火攻篇》** 《孫子‧火攻》的第十二篇，此篇的前段是說明火攻的種類與方法，後段則是敘述國君或將帥用兵時，必須慎重的道理。（原文：「故明主慮之，良將修之，非利不動，非得不用，非危不戰。主不可以怒而興師，將不可以慍而致戰。合於利而動，不合於利而止。怒可以復喜，慍可以復悅，亡國不可以復存，死者不可以復生。故明君慎之，良將警之，此安國全軍之道也。」）

【譯　文】

在對手內部矛盾分化、崩敗離析時，我方應該靜待敵人形勢惡化。而此時，敵人會橫暴凶殘、互相仇殺，最終將自取滅亡。然後我方以順應的態勢作戰，再見機行事，即可坐收漁翁之利。

按：敵人傾軋的氣氛暴露出來了，還去逼迫他，就會受到還擊；避開他，他會自行發生暴亂。三國時，袁尚、袁熙被曹操打敗，帶領數千人馬，投奔遼東。起初，遼東太守公孫康仗著自己的地區遠離中原，不肯服從曹操。到曹操擊破烏丸後，有人建議曹操，立刻乘勝遠征公孫康，袁氏兄弟也可以被擒住。曹操說：「我正教公孫康殺掉袁尚、袁熙，把頭送來，用不著勞師遠征了。」九月，曹率軍隊從柳城（今遼寧錦縣西北）回來，果然公孫康殺了袁尚、袁熙，並把他們的頭送過來。將領們不明原因，便向曹操請教。曹操說：「公孫康向來怕袁尚、袁熙吞併他。今二袁去投，他必定猜疑。如果我用兵急攻，他們一定會合力抗拒；如果放鬆一下，他們就會自會相互火拼。這種形勢發展是非常自然的。」有人說：這是兵書《火攻篇》上所說的原理。按兵書《火攻篇》前段火攻的方法，後段慎動的原理，和隔岸觀火的意義是相吻合的。

【出　處】

源自於《孫子・軍爭篇》中的：「以治待亂，以靜待嘩」。

【成功關鍵因素】

計策含義：原意是在河的這邊看對岸失火。比喻在別人出現危難時，袖手旁觀、待其自斃，以便從中獲取利益。意義同於「坐山觀虎鬥」。當敵方內部分化、矛盾相攻，當他們互相傾軋勢不兩立時，這時千萬不可操之過急，以免促之敵人暫時聯手來對付我方。此時的戰術應是，靜止不動，讓他們互相殘殺、力量削弱，最後還能自行崩解。

用計核心：在現在競爭激烈的商場上，經營者不一定要加入各項戰局，只要適時的運用「隔岸觀火」之計，在其他對手相爭之局面出現混亂時，趁勢分析情勢變化，蒐集情報並靜觀其變，等待時機冷靜出擊，至時便可從中取利。而聰明的經營者，不僅是要跟上市場的潮流而已，還會自我創造趨勢前進。分析市場的態勢走向，再決定適合我方的戰術策略，才能在商戰中真正穩坐勝出。

商戰用法：一般來說，我方不宜出戰、無力出戰或不便出戰時，均可採用「觀」望的態度。「觀」之方法多樣，可袖手旁觀，可靜而暗觀，可退而遠觀，也可順而動觀。但最重要的，「觀火」不是目的，而是為了最終的取利，抓住雙方相爭而不能自拔的時機，便可坐享漁翁之利。將「隔岸觀火」運用推銷策略上，一定要眼明手快，掌握時機。當然要先激起對方內部的矛盾，靜觀其變，然後在最佳時機點，一舉致勝。

【歷史案例】：曹操除二袁

東漢末年，袁紹兵敗身亡，幾個兒子相互鬥爭奪權力，曹操乘機發動攻擊。袁尚、袁熙兄弟被曹操打敗，帶領幾千名騎兵投奔遼東太守公孫康。

公孫康原先一直仗著自己所處的地方遠，而不肯服從曹操。待到曹操擊敗了烏丸的冬胡族以後，有人建議曹操立即乘勝遠征公孫康，順便抓住袁氏兄弟。曹操哈哈笑說：「你等勿動！我正要公孫康殺掉袁尚、袁熙，並把他們的人頭送上門來，用不著勞師動眾去遠征了。」九月，曹操率領大軍從柳城（今遼寧省錦縣西北）轉回許昌，靜觀遼東局勢。

公孫康聽聞二袁來降，心生疑慮，袁家父子早有奪取遼東的野心，今日兩人是因無處存身，迫不得已前來投奔。如果收留他們，必有後患。況且，曹操已班師回去，並無進攻遼東之意，既然無需二袁共同抗敵，收留他們只是有害無益。

於是，公孫康埋下伏兵，立即殺了袁尚、袁熙，把首級送到曹營。諸將很驚訝，向曹操請教。曹操說：「公孫康素來害怕袁氏兄弟吞併他，如果我急於用兵，他們一定合力抗拒；如果我們退兵，他們就會自相火拼。這是必然的發展趨勢。」

【現代案例】：王安電腦的悲劇

一九八〇年代，王安以一己之力建立的王安電腦公司享譽全球，王安電腦行銷世界各國，執市場牛耳。王安電腦公司的員工人數超過三萬，營業額高達三十億美元，身為公司最大股東的王安，則屢次名列世界前十名首富。在這個時期，王安電腦公司的實力能夠與電腦巨人ＩＢＭ公司分庭抗禮。

然而，一九八九年王安去世前後，公司光輝不再，若干年後，王國覆滅，風光一時的王安電腦竟然走入歷史。

一個強大而年輕的電腦王國在幾年內崩潰當然有其複雜原因。八〇年代後期，人們的興趣轉向個人電腦，而不是文字處理機，當ＩＢＭ等公司致力發展個人電腦之際，王安卻故步自封，拒絕開發這類產品，因此王安公司的產品沒有趕上新潮流。王安對市場失去洞察力，延誤時機，在關鍵時刻做出錯誤決定，可謂公司失敗的原因之一。

另一原因則是王安電腦公司內部機制失衡，這與王安用人不當有關。王安先是讓他的兒子王列出掌研究部門，一九八六年更將總裁位置讓出，卻沒料到，王列才識平庸，讓人大失所望，一些高層人員紛紛離去，公司因此元氣大傷。

王安實驗室本來有三位天才，即考布勞、斯加爾和考爾科，他們可說是王安實驗室地三根支柱，曾為公司帶來幾十億利潤。然而，這三個人一直以來都相處不好，王安的管理策略是讓他們互相競爭以推動公司發展，但到了王列手上卻發生轉變，王列認為公司的出路在於內部團結，於是要求他們三人統一思想，但事實上這根本就做不到。這三個人與王列又常因做事方法、理念等差異甚大而衝突不斷，其矛盾於是發展到白熱化程度，結果先是考布勞憤而辭職，斯加爾和考爾科也相繼離開王安實驗室。

一九九二年，王安電腦公司申請破產。IBM等公司則始終冷眼旁觀，等到王安電腦公司衰亡，他們便瓜分了王安電腦公司占領的市場，坐收漁利。

第三節 隔岸觀火情境：關鍵、執行與練習

說到終極這是一個隔岸觀火的世界，看看一個小小的地球村，到處在燒火。中東、南美、朝鮮，各大洲都有火，是誰點的火？更多是觀火人，點火和觀火都在找尋最佳取利的機會。國際如是，社會亦如此！

隔岸觀火人雖多，但多數止於「觀」，就像看戲，看多散會，何利之有？如何提高隔岸觀火層次，創造更多人生價值，附加價值也好。這節再從關鍵要素、執行問題和九宮格練習，全方位說明，加深學習效果。

隔岸觀火要素及反思

——在對手出現危機之時袖手旁觀，待其自閉的競爭計謀

1. 關鍵要素：

- 對手正忙於內戰或與其他聯盟戰鬥。
- 你的攻擊會使對手（或其聯盟）團結。
- 克制行動，暫不見獵心喜。
- 注意火的熱度與風向。
- 讓它繼續，內戰會摧毀對手。
- 當對手相對虛弱時，你發動攻擊。

2. 執行的問題：

- 你眼前的戰鬥爭的是什麼？
- 你下一場戰鬥是什麼？
- 這場戰鬥值得你投入多少資源？
- 如果你投入戰鬥，會發生什麼？對手會變得更強大，還是更弱？你對下一場戰鬥，多少會有所準備了嗎？

・你如何為下一場戰鬥準備得更充實？

・從別人損失／風險中，我得到什麼？

3.執行隔岸觀火的自主練習九宮格

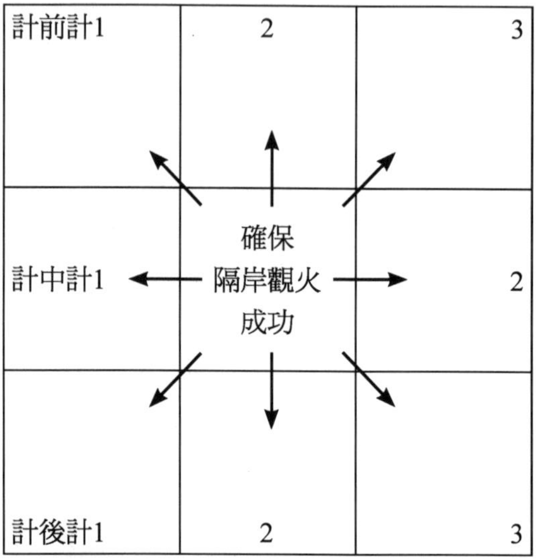

小　結

(1)應用特性　當市場上同類產品競爭非常激烈時，不要疲於應付，那樣很容易陷入價格競爭中，要忍耐。當幾家企業都在建立網絡爭奪基層市場時，企業如果沒有絕對的優勢也不要急於採取應對性政策，要等待市場出現機會時，再去實施資源共享或者市場新的整合。隔岸觀火的策略決不是無所作為，而是研究和觀察競爭的形式與各個方面的競爭行為細節以及結果，更加重要的則是自己的營銷活動。從營銷的角度來說，企業都有自身的弱點，不可能所有的企業都是市場的領先者，大部分企業都是市場的跟隨者，跟隨者就需要在市場上不斷地尋找生機，直接與強大的競爭者對抗無疑是以卵擊石。

(2)市場基礎　市場上同類產品品牌眾多，競爭比較激烈，本企業的產品尚未成為該市場的知名品牌和銷量較大的主流產品。

(3)產品定位　新產品、新形象、新概念。

(4)營銷目標　當其他品牌的競爭延續到賣點疲勞的時候，或當產品同質化的營銷問題非常突出，並且沒有很好的解決方式的時候，將自己的產品推出，但產品的賣點必須與眾不同，產品定位也必須獨樹一幟。

⑸準備措施　建立市場監督體系，企業內部監督與經銷商監督結合起來，關注市場動向，研究不同企業的營銷行為。策劃本企業產品的新一輪銷售計劃，做好配套的營銷準備工作。

⑹措施實施　營銷措施的實施可以是轟轟烈烈的，也可以是悄然進行。關鍵是掌握進入市場開始運作的時機。隔岸觀火，需要在對方烈焰將盡的時候方可出擊，避免引火燒身或玉石俱焚。

【附　註】

註一　可參閱任何一本《孫子兵法》，本文參閱：魏汝霖註譯，《孫子今註今譯》（台北：台灣商務印書館，民國七十六年四月修訂三版），〈火攻篇第十二〉，按魏汝霖詮釋，現代火攻就是發動核戰，筆者以為過度解釋。

註二　楊穎詩，《老子義理疏解》（台北：文史哲出版社，二〇一七年八月），第十五章，頁七八～八一。

註三　《中國歷代戰爭史》第二冊（台北：黎明文化出版事業股份有限公司，民國六十五年十月），頁五六。

註四　同註三，頁六五。

註五　同註四。

註六　同註三，頁六八～六九。

註七　陳福成，《大兵法家范蠡研究》（台北：文史哲出版社，二〇一八年二月增訂再版），第七章。

註八　陳福成，《第四波戰爭開山鼻祖賓拉登》（台北：文史哲出版社，二〇一一年七月）。

第十章 笑裡藏刀

笑裡藏刀，應該也是常民社會中，全世界不論那個民族，一般小老百姓最能理解也會用上兩招的把戲。有人對你使招，你心知肚明，這是口蜜腹劍，「口裡喊哥哥，手裡摸傢伙」，你很容易感覺到這就是笑裡藏刀。你自己偶爾也因環境或狀況須要，對別人使出這招。

其實這種小人物的小把戲，不是本計要講的範圍。如果「笑、不論大笑小笑等」，馬上被看穿，就是失敗的笑裡藏刀，而且也錯解了「笑的定義」。高明的「笑」裡藏刀，不在笑不笑？甚至是不笑的。

我要講的是大人物大舞台上笑裡藏刀，自有人類以來的戰爭、政治鬥法、商貿競爭、政黨對決、列國爭霸、國際叢林爭雄……所有的接觸，都充滿著笑裡藏刀。美國瘋人首領川普和北韓領導金正恩，表面握手談笑，背後在算計什麼？川普也稱習近平「朋友」，背裡的刀盤算者要裂解中國，暗中間接支援港、台，要製造中國永久的分裂，可怕的笑！可怕的刀！

但古今戰場皆如是，中外史例可舉幾列火車。三國時代的劉備、孔明、曹操、孫權、司馬懿等謀算者，多少次向對手示好，甚至不惜犧牲自己的妹妹（孫權），只為向敵對者表達善意，背後都準備大刀（大軍）侍候。每個朝代、中外國家，說不完笑裡藏刀故事，日本偷襲珍珠港前先向美國傳達善意，希特勒要攻擊蘇聯前先和史達林訂和平條約……大舞台上的笑裡藏刀，不是容易玩的！玩得高明更難。

第一節　范蠡與笑裡藏刀

笑裡藏刀基本操作時機模式

笑裡藏刀的「笑」，指的是表面上明示的誠意、和平、利益，乃至是妥協或臣服，最重要是敵方（對手）想要什麼？我方所給必須是對方所要。雖是表面上的給，要做的和真的一樣，在我方「出刀」之前，都要使敵方信以為真，再出其不意出刀（出兵），才能收最大戰果。

表現於外的誠意是要爭取敵方信任，使其解除戒心。暗中則策謀萬全的計劃，使對方一步步進入圈套裡，出刀要把握時機並有充分準備才行動。不可讓對方識破，也不可讓對手有應變機會，出刀迅速堅定，表面不妨微笑善待對方！

笑裡藏刀擴大運用時機模式

笑裡藏刀有豐富的「情感」色彩，讓人感覺誠信不用「情」不足以示真。因而，在軍事作戰和政治鬥爭領域中，這似乎是一種永遠好用的謀略，先以友好掩人耳目，再乘機打擊殲滅對手。這真是一把「永恆不壞的刀」，不能落在「壞蛋」手裡。

笑裡藏刀是一種「中剛外柔」之謀刀，用此謀之人須具備剛柔兩種特質。否則，當剛不剛，該柔不柔，難以施行本計，所謂「剛」是堅定和冷靜，所謂「柔」是靈活性，比如善於以退為進，以屈求伸，欲取姑予，欲高而下。如是，對手必被迷惑，就相信了你的「笑！」

在商場上的各行業，「微笑」是一種「佔領市場的武器」，日本人「顧客永遠是對的」，你走進日本公司行號，只見服務員對你笑、對你鞠躬。資料研究也顯示，日本用笑的力量使很多美國下野官員，領日本的津貼，透過他們游說國會或政府，訂出有利日本的政策。（註一）可見得，微笑裡的「刀」，已是一把形而上之刀，一種可以征服人心智之無尚法門。

范蠡的笑裡藏刀

若完形來看范蠡「興越滅吳」之人生終極目標，也算是一套「大戰略級之笑裡藏刀」。范蠡走上吳越爭戰舞台中央，勾踐對他言聽計從，從周敬王二十六年（前四九四年）越國戰敗，到周元王三年（前四七三年）夫差自殺，吳國滅亡，整二十一年是范蠡位高權重時期。此期間舉幾件「笑裡藏刀」的經典之作。

第一、勾踐擅自興兵戰敗，范蠡策訂投降圖存。周敬王二十六年（前四九四年），越王勾踐得知吳王夫差準備伐越，勾踐欲先發制人伐吳，范蠡以時機未到諫言不可，勾踐不聽，遂興兵伐吳。結果，一敗於夫椒（今江蘇省蘇州市西南、今夫山、椒山），再敗於會稽（越都城、今浙江紹興），最後被吳國圍困在會稽山，只剩五千兵士，瞬間將被殲滅。勾踐問計於范蠡，范蠡乃向吳王夫差提出投降條件：（註二）

願以金玉子女賂君之辱。請以勾踐之女，女於王；大夫女，女於大夫；士女，女於士；越國之寶器盡從。寡君率越國眾，以從君之師徒，唯君左右之。若以越國之罪為不可赦，越將焚宗廟，繫妻孥，沉金玉於江，有帶甲五千，將以致死。乃必有偶，無乃即傷君王之所愛乎？與其殺是人也，寧得此國。有帶甲萬人以事居也，其孰利乎？

范蠡深知夫差好大喜功性格，完全投其所好，「其孰利乎？」正是笑裡藏刀的基本思維。更大的利是「勾踐之女，女於王；大夫女，女於大夫；士女，女於士」，勾踐的女人歸夫差所有，大夫的女人歸吳國大夫所有，士的女人也歸吳國士之所有。當然，越國金銀財寶、人民等，也歸吳王所有，這種投降條件空前絕後了。

吳國內部對越國的投降條件當然也有爭論，只有伍子胥反對，伯嚭因已拿了范蠡送的大禮，勸吳王接受投降條件，夫差也覺得有利可圖乃同意。越國得以暫時不滅，但勾踐和范蠡必須到吳國當三年「越勞」，等於是夫差的奴僕，苦啊！

第二、三年「越勞」，強顏歡笑，待未來用刀。勾踐在吳國的工作就是「馬夫」，為夫差牽馬、照料馬匹，夫差出巡，勾踐做馬前卒搖旗吶喊。其恥甚矣，但要假裝心悅臣服，做得很高興。

三年，也是危險的三年，好幾次夫差似乎接納伍子胥諫語要殺勾踐，都因伯嚭「美言」和范蠡處置得宜，又從鬼門關脫身。終於熬過三年，等到夫差的「婦人之仁」，夫差和群臣送他們出城門。勾踐感動得對夫差說：「當生生世世，竭力報恩。蒼天在上，實鑒臣心，如有負吳，皇天不佑！」（註三）夫差親扶勾踐登車，范蠡執御，望南而去，時周敬王二十九年事也。

「當生生世世，竭力報恩」，這話說的多麼感動人心，且讓夫差完全相信了。但范蠡在未到自己國門，已在思索「興越滅吳」之策，古今「笑裡藏刀」真是莫此為甚！成為千古傳頌的傳奇故事。

第三、西施的笑，范蠡的刀。在《史記》、《國語》、《左傳》等史籍，未見有西施之記載，但她以一個民間傳說中的美女，名垂青史。她是歷史上第一個被認證的女間諜，也是第一個被貼上「美人計」標簽的美女故事。（註四）美人計（另見第三十一章）正是最陰柔的笑裡藏刀，許多案例顯示，美人不須用刀，便可傾人城毀人國，何況西施背後尚有范蠡的刀（武力及一切支援）。

做為美女和間諜，西施有雙重任務，沒有受過特種訓練教育，難以承擔此重責大

任。在《浣紗記》傳奇戲曲第二十五齣〈演舞〉，敘述越王夫人親自教導西施歌舞，越王夫人對西施說：（註五）

美人，古稱絕色，第一容貌，第二歌舞，第三體態。若是容貌雖好，歌舞未諧，不足為奇。歌舞雖通，體態未善，不足為妙。美人，你的容貌不必言矣，但歌有歌體，舞有舞態，須要態度優閒，行步嬝娜，方能動人。

夫差有了西施，從此君王不早朝，可見西施功力不凡。吳越一帶自古以來就是中國美女產地，照理說吳王夫差不缺美女，可以說要多少有多少，如今獨寵西施一人，證明越王夫人教導有功。西施也為范蠡創造了「用刀」機會，助成范蠡「興越滅吳」之大願。

越對吳的真實用心可以說全是「笑裡藏刀」，是不懷好意的「親善、誠信」。如周敬王三十四年（前四八六年）開始，夫差計劃要北伐中原諸國而大興土木，由文種率萬人民工，糧百船助吳，讓夫差笑納，取得臣服信任。

第二節 笑裡藏刀之理論、詮釋與舉例說明

敵戰計

第十計：笑裡藏刀

【原 文】

信而安之①，陰以圖之②；備而後動，勿使有變。剛中柔外也。

【按 語】

兵書云：「辭卑而益備者，進也；……無約而請和者，謀也。」故凡敵人之巧顏令色，皆殺機之外露也。宋曹瑋③知渭州，號令明肅，西夏人憚之。一日瑋方對客奕棋，會有叛卒數千，亡奔夏境。堠騎④報至，諸將相顧失色，公言笑如平時。徐渭騎曰：「吾命也，汝勿顯言。」西夏人聞之，以為襲己，盡殺之。此臨機應變之用也。若勾踐之事夫差，則竟使其久而安之矣。

【注 解】

①信而安之　信，使相信。安，使安，安然，此指不生疑心。

②**陰以圖之**　陰，暗地裡。剛中柔外：表面柔順，實強硬尖利。這裡指內藏殺機，外示柔和之意。

③**曹瑋**　曹武穆瑋，西元九七三～一〇三〇年，武穆是謚號，亦即曹瑋，是宋代名將曹彬之三子，字寶臣。治渭州時，年僅十九歲，嗜談〈春秋〉三傳，精左氏兵法，善自謀，智勇兼備。

④**堠騎**　騎馬的偵察員。

【譯　文】

設法與敵人表示友好，相信我方是友善的，讓敵人施以防備。而我方卻暗中策劃，積極準備來伺機而動，不讓敵人有任何察覺與應變措施。此為是一種暗藏殺機，外示柔和的計謀。

按：兵書寫道：「敵人派來的使者言詞謙遜，而敵方事實上卻正在加緊備戰，肯定是要攻擊我方；沒有具體條件而請求媾和的，肯定是另有陰謀。」因此凡是敵人扮笑臉、講「好話」的，都是有消滅我方之企圖的暴露。宋代，曹瑋做渭州知州，號令嚴明，西夏人都懼怕他。有一天，曹瑋正在和客人下棋，突然有幾千名士兵叛變，逃亡西夏。當偵察騎兵前來報告時，許多將領面面相覷，十分驚恐。而曹瑋卻談笑自若，像平時一般。只見他慢條斯理地對報告人說：「他們是遵照我的命令行事的，你們不要大聲宣揚了。」西夏人一聽，以為逃亡來的是宋營派來襲擊他們的，因而把他們全給殺了。這是臨機應變謀略的運用。另外，春秋時代，越王勾踐被吳國打敗，他含羞帶辱地侍奉吳王夫差，讓夫差長期思想安逸，解除他的警戒心及防備，並使其貪求安穩。這也是運用臨機應變謀略的例子。

【出　處】

本計最早可見於《舊唐書‧李義府傳》中說的，「李義府貌狀溫恭，與人語，必嬉怡微笑，而偏忌陰賊。既處權要，欲人附己，微忤意者，輒加傾陷。故時人言義府『笑中有刀』，又以其柔而害物，亦謂之『李貓』。」《新唐書‧李義府傳》將「笑中有刀」改為「笑中刀」，亦有將「笑裡藏刀」改為「笑裡刀」者，此說法可見於唐代詩人白居易的《無可度》：「且滅嗔中火，休磨笑裡刀。不如來飲酒，穩臥醉陶陶。」

【成功關鍵因素】

本計含義：外表是笑容滿面，內心卻是陰險狡詐。以戰略而言，表面上是緩和情勢，一方面使敵人疏於守備，一方面卻暗中積極準備，等待機會的來臨，出其不意地發動攻擊。本計含義有三種：一、「口蜜腹劍」。指說的話比蜜還甜，相當動聽，而心中卻藏著一把利劍，心懷不軌。二、剛中柔外。表面謙恭和善，骨子裡卻是陰狠無比。是一種以柔克剛的韜晦之術。三、偽裝順從。一方面對別人表示誠服心悅，依照他的意願行事；因一方面卻是心懷異志，伺機而候，殺人越貨。

核心思想：運用本計的關鍵就在於「笑」字。笑得自然，掌握好分寸，可使敵人「信而安之」。若是「笑」得做作而致於太過火，反而會引起對方的察覺。而「笑」的目的就是「藏刀」，以外表的和善隱藏內心的不安份。使敵人相信我方透露出的假訊息，使之麻痺鬆懈，我方則暗中謀畫，做好充分準備後再採取行動，不使敵人中途改變主意。

商戰用法：此計有如「口蜜腹劍」般，言語裡裹著一層誘人的糖衣，嘴裡說的話猶如蜜糖甜膩，讓對方失去無法招架的能力時，再達成自己的目的。本計適用商場上各行業，尤其服務業常用此計來消除顧客戒心，面對顧客，有時應學會假裝糊塗，讓消費者有占便宜的感覺，但實際上自己是沒有吃虧的，還可因友善的舉動來增加自己的客戶群，最後伺機而動，達到預期的成功效果。本計說起來容易，但做起來卻是不簡單，若要在關鍵時刻派上用場，平時還要多加儲備練習才可以。

【歷史案例】：口蜜腹劍的李林甫

唐玄宗的宰相李林甫，總在玄宗面前，讚不離口、笑不離容，進讒言、排異己、忌賢才、除政敵，可謂「笑」得精彩，「藏刀」得高明。他擅長和宮內的宦官、妃子勾結，探聽宮內的動靜，尤其是玄宗說了什麼、想些什麼，他都會事先探查，在玄宗面前，他往往能順著玄宗的心意答話，由此一來，玄宗以為他聰明能幹。後人專門為他造了一個成語叫「口蜜腹劍」，就是用來描述他說話時像蜜一樣甜，但肚子裡卻飽藏詭計。

當時朝中宰相張九齡，耿直溫雅、才能卓越，為官正直清廉，敢直敢言，因此受到李林甫嫉妒，李林甫聯合其他小人，時常在玄宗面前道說他的壞話。

惠妃想讓自己的兒子當太子，便設下陰謀誣告當時的太子結黨營私，玄宗大怒，欲廢掉太子，張九齡卻因證據不足，堅持不廢太子的意見。李林甫便私下對受寵的宦官們說：「這是皇家的事，何需外人插手。」這些言語傳到玄宗耳朵，也認為張九齡太專斷，根本不該插手分外之事。

張九齡也曾經因為堅持反對任用庸儒的牛仙客為相，弄得玄宗很不愉快，李林甫又乘機向玄宗進言：「天子用人，何有不可？張九齡不過是個文官，拘泥古義，不識大體。」因此，玄宗對張九齡的不滿日漸擴大。

張九齡忤逆玄宗之意的情況屢屢發生，玄宗疏遠了張九齡，西元七三七，張九齡被貶離京城，擔任荊州長史。

李林甫專權十多年，排斥賢才，像張九齡這樣遭遇的人不在少數，不過他的下屬也有人精通此道，他的一個得意門生也對他如法炮製，最終使他落了個「鞭屍」的下場。

【現代案例】：小報也能出頭天，佐賀新聞的「貼心」傳奇

位於日本佐賀縣這個地方，有一份在地悠久的報紙《佐賀新聞》，它在各大報社競爭夾縫中求生存，歷經一一〇年都沒有被擊垮，它到是靠什麼魔法，才能如此歷久不衰呢？原來就是處處為用戶設想的「真心誠意」。

佐賀縣北臨日本海，南接太平洋，是個很典型的海洋性氣候。常下雨的佐賀縣，給報紙的傳遞者帶來了很大的困難。《佐賀新聞》的董事長說：「下雨天送去濕漉漉的報紙實在說不過去。」所以凡是陰雨連綿的早晨，每一位《佐賀新聞》的讀者，都會收到一份用塑膠袋細心包裹著的報紙。這種細心且體貼的作法，贏得用戶的掌聲，也因為這份真誠和溫馨，也成為他百年而不倒的經營秘訣。

其實，顧客們花錢購買商品，除了以錢換物之外，還希望得到另一種不花錢的額外商品，那就是營業員的「誠意」。只有用真誠、有禮貌的服務使顧客心滿意足，才能贏得回頭客。

評論：「笑裡藏刀」常被拿來比喻人的個性陰險狡詐，表面上和藹友善，但微笑背後卻暗藏殺機，令人防不勝防；但在行銷策略上，卻有另一番見解。像本案例，《佐賀新聞》利用「貼心真誠」這個出發點，有別於其他報社，讓讀者備感溫馨。在這股貼心的渲染下，《佐賀新聞》成為在地最具代表的報紙，也讓當地人都成為它的忠實讀者，造就它不敗的原因。笑，是為了貼近對方，讓對方能「願意聽你說」，了解你的想法；藏刀，則是讓對方不知覺下認同你，並達到我們所需目的。所以如何讓「笑」達到最高效果，就是你我今後必學的功課之一。

第三節　笑裡藏刀情境：關鍵、執行與練習

經研究古今中外種種笑裡藏刀案例，負面者太多，正面者太少，顯然此計已被污名化（如李林甫案）。筆者期許創造「正面價值的笑裡藏刀」，笑的新詮釋是廣結善緣，會笑才能為眾生服務（引星雲大師語），商場上也有「不會笑不要開店」之說。

而「刀」，是讓人不知不覺的認同你，如潛移默化的教育或傳教。

為能深化你的學習效果，以下再從關鍵要素、執行問題和九宮格練習，條件思考之要綱，並從全方位運用簡要說明之。

笑裡藏刀要素及反思

——口蜜腹劍、剛中柔外、偽裝順從

1.關鍵要素：

- 伸手不打笑臉人，以禮相待。
- 直接攻擊會導致對手抵抗。
- 你選擇友好的方式對待之。
- 對手放棄防衛，歡迎這種方式。
- 用第二次或隱蔽攻擊戰勝對手。
- 微笑佈局下步步設計藏殺機。

2.執行的問題：

- 對手對直接攻擊會怎樣反應？
- 你付出與投入能打動那些人？

- 明顯「友好」看起來像什麼？
- 你幹什麼才會讓對手欣賞？對手歡迎你什麼行動？
- 採取對手歡迎的行動，你如何達到目標（即通過直接攻擊）？
- 這種方式的結果是什麼？你要的嗎？

3. 執行笑裡藏刀的自主練習九宮格

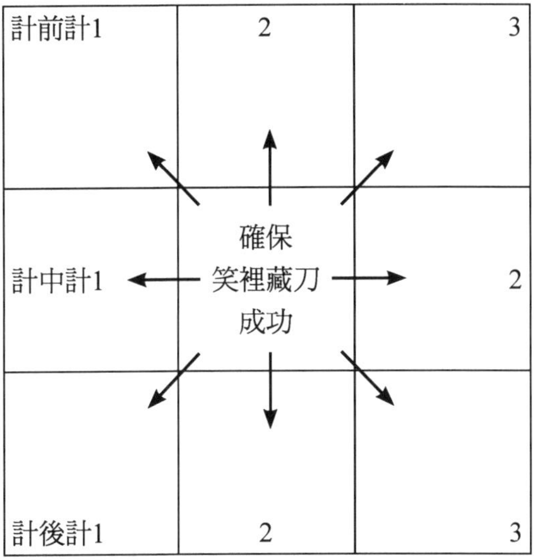

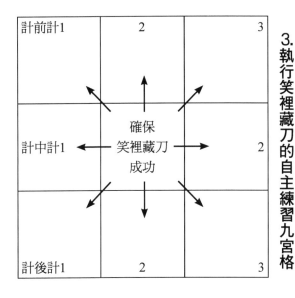

小 結

(1)應用特性 與其他企業競爭的時候，不要惡意挑起無謂的爭鬥，在與合作夥伴聯合的時候，也不能過分以強勢壓人，這裡需要營銷的技巧。在市場上，必須掌握基層的實際情況，特別是零售商的情況，有條件就要到零售環節去，誰掌握的零售商多，誰的市場就越穩固。所以，在儘量不引起合作夥伴反感的情況下，爭取更多的終端客戶。在本企業傳統的市場上，如果面臨競爭對手的競爭，自己的客戶有被分化的可能，企業可以採取應變的措施，但是前期操作時，也需要內緊外鬆，沉著應變，不要急於激化與客戶的矛盾。

從營銷的角度來說，和氣生財是主流，整合所有資源為我所用是最好的追求。「笑」是通過利益的共同分享來最大化地聯合夥伴，「刀」是以謀略的方式，以最小的成本打擊競爭對手，而競爭對手又無法將自己作為明確的反擊目標。就好像企業在創業的初期，需要借船出海，進而買船出海，最後造船出海。從產品的角度也可以策劃，比如先進口、後仿製、再替代。從占領市場的角度謀劃，先使用對方的營銷網絡，再整合對方的營銷網絡，最後建設自己的營銷網絡。

⑵**市場基礎**　本企業產品有條件銷售並且可以發展的市場環境。

⑶**產品定位**　保持傳統產品的穩定，擴大品牌知名度。

⑷**營銷目標**　穩定和爭取更多的基層客戶，目的是鞏固基層市場，防止批發商實施區域市場的壟斷。聯合生產企業或者批發商，以比較優惠的條件建立雙方友好合作的基礎，目的是在本企業尚立足未穩的情況下，爭取到更多支持，迅速在市場上站穩腳跟。

⑸**準備措施**　了解競爭對手如何瓦解自己的網絡和經銷商。了解自己的經銷商需要什麼，發展的定位是什麼，了解市場之變和經銷商之變的前提、過程與結果。

⑹**措施實施**　提供更好的合作條件和服務升級。與經銷商講發展、講合作的長期利益、講合作的邊際效應。提出新型的合作方式，並且做好長期整合市場的準備，重點關注網絡的整合，特別是零售商的聯合方式，沒有零售商的支持，對批發商的整合就失去了基礎。

【附　註】

註一　于汝波，《三十六計的智慧》（台北：大地出版社，二〇〇六年九月），頁九二。

註二　《中國歷代戰爭史》第二冊（台北：黎明文化事業出版有限公司，民國六十五年十月），頁五九。此事也記在《史記》（越王勾踐世家第十一）。

註三　明・余邵魚，《東周列國誌》（台北：大台北出版社，民國七十五年五月），第八十四回。

註四　洪淑苓，〈美人計的敘事模式與性別政治——從西施故事談起〉，《婦女與兩性學刊》第八期（台北：台灣大學人口研究中心婦女研究室，民國八十六年四月），頁一五一～一六七。

註五　同註四，頁一五六。原註見：梁辰魚，《浣紗記》，〈六十種曲〉（台北：開明書店影印汲古閣本，民五十九年），頁八六。

第十一章　李代桃僵

記得有一部著名的中國傳統戲劇，曾到法國公演，轟動當時的戲劇界；也是台灣歌仔戲常演的一齣戲，好像楊麗花也演過，就是《趙氏孤兒》。這則春秋時代的真實故事，是「李代桃僵」之計常引述的案例。

「僵」者「ㄐㄧㄤ」，指枯死而直立，通「殭」字。「李代桃僵」，原解是「李樹代替桃樹枯死」，諷刺兄弟間不能互敬互愛。由此演變而出，用來比喻「以此代彼」或「代人受過」，用於鬥爭或賽局，通常指必要時犧牲最小代價，換取未來最大或全面的勝利。

中外古今許多史事是李代桃僵案例如，趙氏孤兒、孫臏賽馬一輸二贏、完子（春秋末）捨身保齊國、曹操借軍需官人頭穩軍心、曹沖用計救人命、毛澤東沉炮保橋、十八世紀英國律師悉尼卡通上斷頭台救法國查爾斯伯爵，這故事很像趙氏孤兒。在狄更斯小說《雙城記》裡，悉尼卡通就是「李樹」，查爾斯伯爵相當於「桃樹。」

另一九一八年六月，列寧忍痛自沉黑海艦隊七十多艘戰艦，換取二千多官兵脫險；一九四三年秋，蘇聯紅軍第聶伯河大捷，都是李代桃僵常講案例。

在戰爭中以較小的犧牲代價，換取較大戰果或保存大部隊戰力，以利未來的全面勝利。此在古今中外戰史中，史例汗牛充棟，書之不盡。

第一節　范蠡與李代桃僵

李代桃僵基本操作時機模式

在小我與大我、在局部和整體之間，全局考量觀照下，如果必須暫以小我或局部損失，來換取大我或整體利益，時機上已無退路，也無別的更佳選擇。此時此刻，應當機立斷，下達果斷決心，犧牲小我或局部，維護整體大我之利益，以贏得最後全面勝利。

相互爭勝的兩造，不論軍事、政治或商業競爭，雙方實力和情勢，必然各有優劣強弱，沒有保證誰一定是贏家。決定勝敗的要素，僅在彼此長短處的比較，過程中常有「以短勝長」情況發生，劣勢者反而打敗優勢者，此即李代桃僵謀略之用。

在各種競爭的算盤裡，極少有一帆風順，從頭到尾全都是贏家，似未之有也。有時候用較小代價，換取一個大勝利是值得的，所謂代人受過、捨車保帥，正是此計，政壇上最常演出的大戲，就是時機要抓得準。

李代桃僵擴大運用時機模式

擴大李代桃僵的思維策略，正是《老子》第三十六章所說的「將欲奪之，必固與之」。用孫臏賽馬的案例窺其神妙，在於「以其所不足愛者，養其所愛者」，進而「最後再以其所甚愛者」奪回失去的「不足愛者」，連對手的「甚愛者」也奪取。

所謂「甚愛」與「不足愛」，所謂「局部」和「全局」，都是相對概念。先前放棄局部是不得已而為之，放棄局部是為了奪取全面勝利，這個全面勝利包含丟失的局部，也重新奪回；甚至加上敵人（對手）所愛也奪來，這樣戰果（利益）就空前擴大了！

局部犧牲換取全面勝利，並非僅在軍事、政治、商戰必須遵循的法則，任何經營管理者或個人，都會碰到「勢必有損」的情況，也必如是。蜂蠆發毒，壯士斷腕，非不愛腕，不得已必須保命也。道理簡單，說來容易，因小失大者，經常有之，李代桃僵，時機要準確果斷，須要眼力、智慧，更要魄力。

范蠡的李代桃僵

范蠡一生兩大事業的分水嶺，在周元王三年（前四七三年）年底，時夫差自殺吳國滅亡。在此之前的二十多年，他是越之相國兼大將軍，大權在握甚至超越勾踐；之後到他辭世（周貞定王二十一年、前四四七年），有二十六年的時間，人生後半精華他成為一個純粹的商人。但他也不是普通商人，而是一個「道為體、商為用」的商人，後世尊為「道商」始祖，千百代中國人封他為「商聖」。所以，他人生的兩大事業（從政、從商），用現代語言形容可稱完成了「自我實現」。

他夠資格稱豐功偉業，從政成「聖臣」，從商成「商聖」，恐怕是中國歷史上，乃至全人類有史以來僅他一人。到底如何創造這樣人生的大勝利？從「李代桃僵」的思維尋求詮釋，「以小代價換大勝利」、「損局部成全大局」，相信他有很多事蹟可以如是詮釋，今僅擇其從商部分，簡要論述之。

范蠡做生意，做什麼都發，賣什麼都賺，三致千金又三散其財。金錢對於他，簡直到了「呼之則來，揮之則去」的境界，深入研究他從「鴟夷子皮」到「陶朱公」的經營致富法門，有七大信條（范蠡法門）。（註一）

第一、貴出如糞土，賤取如珠玉。即「低價買入、高價賣出」，這是古今賺錢不變的真理，現在的股票族也同樣。以較小代價買入，換取較大利潤，為什麼只有范蠡發財？眾皆虧本，因為大家總是「因小失大」。

第二、旱則資舟，水則資車。即「乾旱備船、水澇備車」，這是范蠡的老師計然的經濟思想，范蠡把老師的思想化成做生意的法則，並且力行實踐而成功立業。在《史記・貨殖列傳》有一段話：（註二）

> 昔者越王勾踐困於會稽之上，乃用范蠡、計然。計然曰：「知鬪則修備，時用則知物，二者形則萬貨之情可得而觀已。故歲在金，穰；水，毀；木，饑；火，旱，旱則資舟，水則資車，物之理也。」

這段話有兩層意義，一者是有備無患的風險管理觀念，二者是掌握市場動態，在市場變化前備好商品，而兩者意義也相通。任何事「有備」就可以花較少代價或減少損失，使全局「無患」，保住整體利益，就是最大勝利，表示有取得更大戰果的條件。

第三、候時轉物，什一之利。即「預測天時，提前備貨，只賺十分之一利潤」。一成利潤是范蠡做生意的基本主張。《史記》〈越王勾踐世家〉說：「復約要父子耕畜，廢居，候時轉物，逐什一之利，居無何，則致貲累巨萬、天下稱陶朱公。」（註三）一成利潤是「微利」，但有利於佔領大部市場，這個道理和現在中國商品佔滿整個地球一樣，就是低價少利策略。市場極大化後，整體利潤也隨之極大，這便是全局的大勝利。

第四、人取我予，人予我取。即「人要我給、人給我拿」，這句話是儒商子貢拜訪范蠡時說的。（註四）范蠡說和自己所思不謀而合，也成為范蠡的經商指學，但這句話非常唯心，卻也不難領悟。到了這個境界的人，可謂是「人我合一、天人合一」了，所謂大和小都是相對概念，實際上大是小，小也是大，天地宇宙都在他手中，他是永恒的勝利者。

第五、務完物，無息幣。即「品質保證、資金流通」。在《史記》〈貨殖列傳〉提到，范蠡「務完物，無息幣……財幣欲其行如流水。」（註五）用現代語言就是品質保證和資金流通，錢不動就是「死錢」，流通滾動才會越來越多。都能落實做到，當然也是全局的勝利。

第六、微利是圖，無敢居貴。即「薄利多銷、擴大市場」。范蠡做生意，不僅主張低價，也主張微利，這是擴大市場的法寶。當市場大到一定規模，銷售大增累積的利益就極大，三致千金證明方法的正確，這過程中是由許多小代價的付出，才換得全面最後的勝利。

第七、多元相濟，綜合經營。即「現代百貨企業集團始祖」，范蠡經營範圍很廣，南北貨山海產、畜牧、養魚、房地產、皮鞁、陶瓷、車船、民生用品等。他甚至助人致富，《史記》說。（註六）

猗頓，魯之窮士也。耕則常饑，桑則常寒。聞朱公富，往而問術焉。朱公告之曰：「子欲速富，當畜五牸。」於是乃適西河，大畜牛羊于猗氏之南，十年之間，其息不可計，貲擬王公，馳名天下，以興富於猗氏，故名猗頓。

「助人」只花小小代價，但帶來極大名聲，就像現代公司行號的一個很小善行，傳播開來成為一種極佳形像，大大加持了公司聲譽，甚至成為「名牌」。這便是小代價的付出，換取全局的大勝利。

李代桃僵的基本思維，在於處理好「局部」和「全局」的關係，二者孰輕孰重已不須爭論，當然是局部不能危害全局整體的利益。所以，「捨車保帥」是必然要做的，即以較小代價，確保全局利益，以獲得最終的大勝利，這恐怕是古今所有大企業家賺錢的不二法門。

范蠡做生意「低價買入、高價賣出」，放到今之馬雲、比爾蓋茲、巴菲特等，想必亦如是。巴菲特說他自己會成為「股神」，只不過是「等到最高價才賣出」，而絕大多數股票族虧本的原因，都是買賣時機不對，沒有「以小換大」，反而「因小失大」。

第二節　李代桃僵之理論、詮釋與舉例說明

敵戰計

第十一計：李代桃僵

【原　文】

勢必有損，損陰以益陽①。

【按　語】

敵我之情，各有長短②。戰爭之事，難得全勝，而勝負之訣，即在長短之相較。而長短之相較，乃有以短勝長之祕訣。如以下駟敵上駟，以上駟敵中駟，以中駟敵下駟之類③：則誠兵家獨具之詭謀，非常理之可推測者也。

【注　解】

①**損陰以益陽**　陰，指某些細微的、局部的事物。陽，此指事物帶整體意義的、全域性的事物。意思是以局部為代價，來換取全域的勝利。在軍事謀略上，如暫時要以某種損失、失利為代價才能最終取勝，指揮官應當機立斷，作出某種局部的或暫時的犧牲，去保全或者爭取全域的、整體的勝利。這是運用中國古代陰陽學說的陰陽相生相剋、相互轉化的道理，而制定的軍事謀略。

②**長短**　長處和短處、優勢和劣勢。古代兵家認為：將帥在指揮作戰時，也就是雙方力量相較的時候；對己，能發揮長處補救短處；對敵，限制長處而找他的短處，是一種重要的制勝方法。

③以下駟敵上駟句　語見《史記・孫子吳起列傳》。「駟」，指古代一輛戰車套四匹馬，車輛套配的四匹馬或四匹馬所駕禦的一輛車，稱為「一駟」。戰國時期，齊國的將軍田忌，常常和王族們賽馬。孫臏看到他們的馬力相差不遠，都有上、中、下三等，於是向田忌獻計：用下等馬對上等馬，用上等馬對中等馬，用中等馬對下等馬。比賽結束，田忌只輸了一次，卻勝了兩次，因而獲得勝利。

【譯　文】

當戰局發展至形勢必須有所損失的時候，應該犧牲局部的失敗，來換取全面的勝利。主要是指以暫時的損失、局部的犧牲，來爭取全面性、大整體的勝利。

按：敵我雙方情況下，是互有長短的。要在戰爭中各方面都勝過對方，是很難達成的。戰爭的勝負，決定於雙方力量的較量，佔優勢的一方往往獲得到勝利，但劣勢戰勝優勢的巧妙方法也是有的。比方用下等馬對上等馬，用上等馬對中等馬，用中等馬對下等馬一類的事例，是軍事家所具有的獨特謀略。這並不是用普通道理可以推測得到的。

【出　處】

「李代桃僵」一詞出自於《樂府詩集・雞鳴樹顛》，詩中說道：「桃生露井上，李樹生桃旁，蟲來齧桃根，李樹代桃僵。樹木身相代，兄弟還相忘？」

【成功關鍵因素】

計策含義：即犧牲李子以獲得桃子的策略。本計原意是李樹代桃樹受蟲蛀，比喻兄弟間的親情友愛、相互幫助，後來又引申為互相代替、代人受過等行為。用在軍事上則是以甲代替乙的謀略，即指在敵我雙方勢均力敵，或敵優我劣的情況下，用小的代價去換取大的勝利的謀略。

用法核心：要想集中主力在正面的戰場上取勝，就必須側面地在戰場上向敵人示弱，甚至要容忍局部的失敗。這種作法就是屬於「兩利相權從其重，兩害相衡趨其輕」的觀點。很多人會因小失大，以局部的損失而忽略了整體。事實上，不論戰場或是商場上，難免會有高低情勢和利益折損，但真正的取勝的關鍵是在於：如何由眼前的損失來創造出未來的利益。

商戰用法：軍事上的勝與敗，首先是取決於敵方和我方兩者的戰力強弱對比之估計。大部分情況下，它是一種不得已的態勢中被迫採用的，目的是以犧牲局部利益之代價，來保全整體的全面勝利。在商場上，「李桃代僵」表現為以甲代替乙，從而戰勝丙的謀略，或捨棄小的利益以換取最大的效益。在具體運作中，要能趨利避害，權衡得與失，參考綜合的全數據資訊，策劃必勝要訣。競爭激烈的服務業，常會利用此計來吸引顧客、刺激買氣。使用像是折扣、贈品或買一送一的策略，看似成本上的損失，卻能換回意想不到的利益。此即為以小代價賺取大勝利。

【歷史案例】：孫臏賽馬之秘

戰國時代，齊威王喜好與人進行賽馬，並經常以黃金作為賭注。齊國大將田忌，也非常沉溺於賭博，整天與齊國的公子哥兒們以賭博、賽馬為樂，但是在賽馬中時，卻是經常輸的多、而贏得少。

一日，孫臏陪同田忌去賽馬。根據孫臏的觀察，對方的馬按速度可分為上、中、下三等級，而同級的馬腳力都差不多。而田忌的馬雖然在總體上劣於對方的馬，但是各等級的馬之足力相差不遠，因此，只要策略得當，就可以完全的贏得比賽。

於是孫臏想出了一個好計策告訴田忌，他有十足的信心會使田忌致勝。因此請他再舉辦一場比賽，並且以公子、王子們作為挑戰對象，並以千兩黃金作為賭注。

比賽即將開始時，孫臏向田忌建議：用自己的下等馬對戰對上上等馬，用自己的上等馬對戰對方的中等馬，用自己的中等馬對戰對方的下等馬。結果，這次田忌以下等馬對上等馬這場比賽的失敗作為代價，換取了上等馬對戰中等馬，及中等馬對戰下等馬這兩場的勝利，最終場以三比二贏得了這次賽馬。田忌輸了一次，卻贏了兩次，因此得到賭注千金，孫臏本人從此也受到了重用。

孫臏在此處所用的，即是「李代桃僵」的戰略，即為圍棋戰術中棄一子而以獲得兩目地的方法。後來，孫臏後來把此計謀運用於作戰中，常常收到良好的效果。

【現代案例】：軟體界的巨人——微軟公司

說到誰是二十世紀軟體界最火紅的巨星，大家一定都會異口同聲說是「微軟」。這個撼動軟體界、壟斷軟體市場長達十三年之久的巨人，是如何從一間默默無名的「車庫公司」，搖身一變成為今日的軟體王國呢？讓我們細說重頭吧！

提到微軟，令人聯想到的第一個人物就是比爾・蓋茲（Bill Gates）。一九七五年，年僅二十歲的他和好友保羅艾倫（Paul Allen）共同成立了美國微軟公司（Microsoft Corp）。這兩小夥子怎麼也想不到，當時以七五〇美金成立的公司，竟會成為身價上億軟體龍頭。

一九八〇年，ＩＢＭ打算推出第一部個人電腦，採用的全是其他廠商的產品，例如Intel的微處理器、Epson的印表機，作業系統則採用專為英代爾微處理器所發展的CP/M，但因為ＩＢＭ與CP/M的撰寫者蓋理・基爾代爾（Gary Kildall）談不攏，ＩＢＭ轉而委託比爾・蓋茲。實際上，微軟當時並沒有作業系統的產品，為此比爾・蓋茲花了七萬五千美元向西雅圖計算公司（Seatle Computing）買回CP/M替代品QDOS的使用權及專利，然後在六個月的瘋狂加工之後，終於完成了MS-DOS第一版。

然後，比爾・蓋茲向ＩＢＭ開出了極有誘人的合作條件，即是微軟完全配合ＩＢＭ和英特爾的硬體標準和規格，特別設計作業系統，每台電腦收授權費也以不到五十美元低廉售出，但前提是MS-DOS的所有權歸微軟所有。ＩＢＭ極為滿意這個合作案，雙方很快就一拍即合，一九八一年微軟MS-DOS與ＩＢＭ第一代個人電腦同時推出。

「個人電腦」一推出，造成很大的迴響，ＩＢＭ很快佔領個人電腦市場，而微軟也因此受惠。但好景不常，雖然ＩＢＭ佔領了個人市場，卻因供不應求、價格較貴，反而給生產ＩＢＭ相容型電腦的一些小公司以可乘之機。康帕（Compaq）、戴爾（Dell）等廠家憑藉小公司的衝勁和彈性，搶先推出使用英特爾微處理器和預裝微軟MS-DOS，並號稱與ＩＢＭ百分之百相容的三八六電腦，對ＩＢＭ王朝的霸主地位形成嚴重威脅，使個人電腦市場出現群雄爭霸的局面。ＩＢＭ因機構龐大、步調緩慢，在群雄混戰中一敗塗地，在個人電腦市場逐漸被擠兌到無人問津地步。

反觀，微軟卻不受群雄爭霸所影響，反而更加茁壯。因個人電腦銷量的驚人增長，反而使微軟的作業系統更廣為人使用，地位也更加穩固，用不著廣告和市場行銷，市場佔有率不費吹灰之力就能手到擒來，更壟斷軟體市場長達十三年之久。

當時看似「吃虧」的合作案，卻因微軟創辦人比爾·蓋茲獨到的經營手法與遠見，反而成為最大的贏家！

評論：「吃虧就是佔便宜」這句話用在這個案例真的十分貼切，比爾·蓋茲以個人獨到的經營手法與見解，讓外人一致認為「吃虧」的合作案，成為「最佳」的踏腳石，造就了不凡的軟體王國。利用暫時的損失，來贏得長遠的勝利，這也是「李代桃僵」的精華所在。

第三節　李代桃僵情境：關鍵、執行與練習

或許「吃虧就是佔便宜」，才是李代桃僵最佳詮釋，甚至必須忍人所不能忍，成大功立大業賺大錢的人都有此種特質。范蠡為了完成「興越滅吳」大願，吃虧受苦（如三年越勞）太大了，才有機會換取日後他的全局勝利，商聖財神亦千古美談。

為養成「吃虧好習慣」，創造「小代價換取大勝利」機會，同時也深化對「李代

桃僵」計策的理解和運用。以下再從關鍵要素、執行問題和九宮格練習，進行反思探索，並做全方位經營略為說明小結。

李代桃僵要素及反思

——兩利相權取其重，兩害相衡取其輕

1. 關鍵要素：

- 不可能贏得（佔領）所有戰役／陣地。
- 允許對手在某場戰役／陣地上獲勝。
- 加強能力，在另一陣地上贏得勝利。
- 懂得小輸大贏，小讓而求全勝。
- 你從整體策略上打敗對手。
- 要容忍戰鬥或戰術上的失敗。

2. 執行的問題：

- 事先你要機會成為優勢弱點盤點。
- 你戰鬥的「前線」是什麼？
- 對這些前線中的戰役，可犧牲什麼？

- 這種犧牲的正負面的含意是什麼？
- 描述犧牲的淨結果。寫一小段文字，描述每種犧牲極致的情形。
- 犧牲前線的某一個，會比全面出擊使你處於更好的地位嗎？
- 能否透過犧牲達到戰略目標？

3. 執行李代桃僵的自主練習九宮格

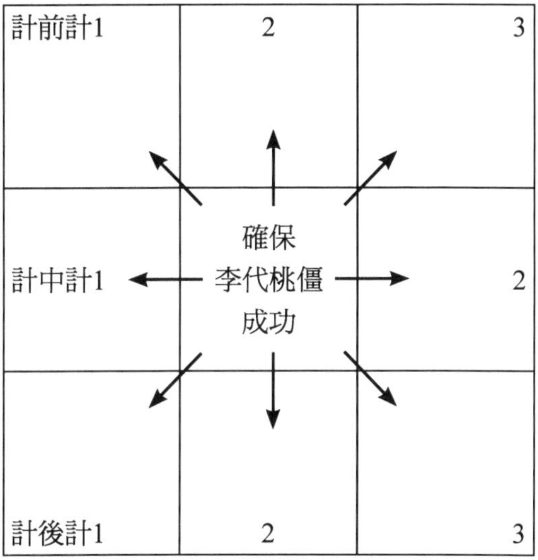

小結

(1)**應用特性** 從市場競爭的角度來說，企業不可能具備所有的競爭優勢，在局部市場企業失去競爭的優勢也是非常正常的事情；產品也是如此，市場上沒有完美無缺的產品，關鍵是企業如何應對不同的市場需求和不同的消費需求，比如採取產品整合、市場整合、經銷商整合的方式，這些調整採取李代桃僵的方式應該是很好的選擇。從產品銷售角度看，為了維持老產品的銷量，去和其他產品打消耗戰和價格戰雖然利潤降低，但只是一種過渡的方法。局部可以犧牲掉一種產品或相關配方，而真正能夠擊倒競爭對手的是產品更新換代的能力。從營銷的角度來說，李代桃僵應該是犧牲局部利益換取整體利益或者是更大利益的營銷方式，通常用於企業危機處理。

(2)**市場基礎** 適合企業產品銷售的傳統市場，本產品銷售份額在減少；或者是新進人的市場，這種市場是企業不能夠放棄的市場類型。

(3)**產品定位** 保持原有產品的市場份額，樹立新產品的市場形象。

(4)**營銷目標** 需要進行產品更新、調整營銷方針和網絡整合。

⑸準備措施　要發現問題出在什麼地方，明確企業應該做出怎樣的犧牲，怎樣才能謀取更大的利益。

⑹措施實施　及時發現問題並建立應急處理機制，協調有關部門特別是媒體，將輿論導向轉向有利於自己的方面發展，處理事件的結果是讓各個方面都滿意。

【附　註】

註一　范聖剛、范揚松，《商戰春秋陶朱公》（台北：聯合百科電子出版有限公司，二〇一九年十二月十五日），詳見第二編，第五章。

註二　漢・司馬遷，《史記》（台北：宏業書局有限公司，民國七十九年十月十五日），頁三二五六。

註三　同註二，頁一七五二。

註四　同註一，頁九二。

註五　同註一。

註六　同註二，頁三二五九。

第十二章　順手牽羊

「順手牽羊」一詞也有被污名化的現象，例如在常民社會中偶聞人說，「張三順手牽羊拿走李小姐皮包」，等於說張三是小偷。其實順手牽羊本意很正面，最常舉的史例是春秋時代「弦高獻牛退秦軍」。

春秋時，秦將孟明視率大軍要偷襲鄭國，而鄭國毫不知情。鄭國有一高人叫弦高，他在販牛路上碰到秦國大軍，知道事情不妙，便急中生智，一邊派人飛馳回國報信，一邊把自己帶的幾頭牛和牛皮獻給秦將孟明視，並說：「我們小小的鄭國夾在大國之間，日夜都懷著恐懼之心。今日我國君聽說將軍前來，特奉一點薄禮，以表心意。」。孟明視大吃一驚，原來鄭國已有防備，只好回軍了。

弦高順手也順勢做了一件對國家有利的事。這個意涵和現代社會常說的「順手捐發票」、「順手做功德」是相通的。所以日常生活可以順手牽的「羊」太多了，歷史上的史例典故也多，如淝水之戰東晉大敗前秦大軍、唐朝李愬夜襲蔡州、宋朝趙遹乘隙平晏州等。國際間爭利爭霸更日月處處有之，政爭商戰亦說之不盡，不多贅言。

第一節　范蠡與順手牽羊

順手牽羊基本操作時機模式

順手牽羊，說羊即非羊，此「羊」指的是機會，可以取勝、獲利的機會。此種時機主要是敵人或競爭者犯的錯，就算極小的漏洞（空隙、戰機、疏忽），也要見縫插針加以利用，以取得最大之利益。此類利益包含有形或無形之利，有時並非個別利益，而是國家利益。

擴大範圍看，軍事上大部隊行動，政治上政黨互鬪，商場上財團相互併購等，過程中都不可能「零缺點、零犯錯」。各方必有很多疏忽和漏洞，乃至不可告人的黑暗面，一不小心，就會被他方從中獲利，這種順手牽羊的機會，贏家固然積極運用，輸家也必善加利用。而局外的旁觀者，也可能順手取利，反正有利各造都想乘機奪取。

「順手」所指是「乘勢」，乘勢取利，積小勝為大勝。是故，這和偷雞摸狗、唯利是圖、損人利己等下流的個人行為，實不可相提並述，是使此計之基本認識。

順手牽羊擴大運用時機模式

「微隙」和「微利」之用，並非所有漏洞都要插針，不是所有微利都必得，有時不介入獲利更大，如曹操坐等獲二袁人頭。此種不乘、不爭的時機是一門藝術，更是智慧，此即《孫子》（九變篇）說的「途有所不由，軍有所不擊，城有所不攻，地有所不爭……治兵不知九變之術，雖知地利，不能得人之用矣。」（註一）這就是局部必須服從全局，不因微隙微利破壞全局勝利。

我要乘敵之際，得敵之利；敵方必也在乘我之隙，隨時設法奪我之利。是故，敵方可能故意以小隙小利誘我上當，此種教訓也很多，破解之道有二：一是嚴密防患，使敵無隙可乘；二是因勢利導，誘敵就範。正是所謂「誘之以利」，可戰而勝之。

在商場上的競爭，對「微利在所必得」中的「微利」之理解，並非說要得到每一筆微利，而是從眼前看的微利，放到長遠是大利。換言之，就是要有戰略眼光。

此計也有反面警示的效果。在職場上，不論公私部門，大家在力爭上游，應該要防微杜漸，防止自己身上出現「微隙」為人所乘。許多腐敗者都因微隙、微利，最後成為巨奸巨惡，被人牽在手上的「羊」。

范蠡的順手牽羊

在范蠡的生意經裡，「逐什一之利、微利是圖、無敢居貴」是他的買賣信條，也是他堅持的經商法門。（註二）范蠡的「微利」，成就他的商聖財神之千古傳奇，此已無庸置疑。他在乘勢、順手、隨機的把握上，也有極高的敏銳觀察度，往往在狀況發生的當下，立刻能抓住精準的時機和機會，捕住一隻大大的「肥羊」，為日後的全面勝利築出一條路，舉其數例。

第一、夫差生病，勾踐嘗糞，獲得感動。原來范蠡、勾踐二人被吳王囚於石室，某日得知吳王夫差生病，范蠡馬上意識到天上掉下來機會。《東周列國誌》第八十回有一段記載。（註三）

勾踐居石室，忽又三月，聞吳王病尚未癒，使范蠡卜其吉凶。蠡布卦已成，對曰：「吳王不死，至己巳日當減，壬申日必全癒。願大王請求問疾，尚得入見，因求其糞而嘗之，觀其顏色，再拜稱賀，言病起之期。至期若癒，必然心感大王，而赦可望矣。」勾踐垂淚曰：「孤雖不肖，亦曾南國為君，奈何含污忍辱，為人嘗泄便乎？」……

范蠡叫勾踐嘗夫差糞便，以得到夫差的感動，雖百般不願，也只得照做。果然，夫差病好且大受感動，本來伍子胥一再諫言要殺掉勾踐，現在不殺他更提早赦他回國。范蠡順勢牽「羊」，使整個大局有了翻轉機會。

第二、欲見美人，設櫃收錢，以充國用。為了找到絕色美女獻給夫差，終於在苧蘿山下尋得西施和鄭旦二人。勾踐命范蠡各以百金聘之。服以綺羅之衣，乘以重帷之車，國人慕美人之名，爭欲識認，都出郊外迎候，道路為之壅塞。這種情形有如台灣第一美女林志玲來，萬人空巷，爭相要看美女。范蠡見此情勢，立即閃現一股「商機」，《東周列國誌》也記載著：（註四）

范蠡乃停西施鄭旦於別館，傳諭：「欲見美人者，先輸金錢一文。」設櫃收錢，頃刻而滿。美人登朱樓，凭欄而立，自下望之，飄飄乎天仙之步虛矣。美人留郊外三日，所得金錢無算，悉輦於府庫，以充國用。

范蠡這回順手牽到的「羊」，為越國府庫賺了錢，展覽美女，設櫃收錢，范蠡可能是吾國第一個「美女經濟」的開發者。當然，這隻漂亮的「羊」送到夫差懷裡，伍子胥諫曰：「夫美女者，亡國之物，王不可受。」夫差曰：「好色，人同此心。勾踐得此美女不自用，而進於寡人，此乃盡忠於吳之證也。相國勿疑。」（註五）同時也證明這是一隻能傾國傾城之羊。

第三、乘勢而為，組織鹽戶，成立「鴟夷鹽行」。范蠡二徙到了今之渤海萊州灣，從販鹽開始，這是大家所知道的。但范蠡所看到的鹽民都普遍貧窮，他立即考察原因有三：㈠都是個體戶分散經營；㈡收購價被奸商壓低；㈢煮鹽戶已達飽和狀態。（註六）再者鹽民不懂合作、行銷之道，他又看到更大的商機。

范蠡將鹽戶組織起來，宣布「鴟夷鹽行」給大家最好的收購價。不到半年，鴟夷品牌的大旗，在渤海灣海灘上掛起來，迎風飄揚。方圓百里十多個煮鹽村落，都成了「鴟夷子皮分行」，很快行銷到各諸侯國。

第二節　順手牽羊之理論、詮釋與舉例說明

敵戰計

第十二計：順手牽羊

【原　文】

微隙在所必乘①，微利在所必得。少陰、少陽②。

【按　語】

大軍動處，其隙甚多，乘間取利，不必以戰。勝固可用，敗亦可用。

【注　解】

①微隙在所必乘　微隙，微小的空隙，指敵方的某些漏洞、疏忽。

②少陰，少陽　少陰，陰之初始，比喻敵人的小漏洞；少陽，陽之初始，比喻我方的小勝利。（少陰、少陽各為四象之一。四象由陰陽兩儀發展而來，太陰、太陽象限內是純陰、純陽；少陰、少陽象限內是各含陰陽。而陰陽相合，萬象乃生。）

【譯 文】

敵方微小的空隙與疏忽處，必須緊抓不放，並及時利用；對我方來說，雖然是微小的益處與勝利，也應該盡量謀取，讓敵方的疏漏，成為我方的致勝契機之一。此即為《易》中所言，少陰與少陽相輔相成的道理。

按：敵人大軍所活動的地方，它的漏洞疏失一定很多。趁此時機一舉奪取勝利，就可以免去作戰損失。這個方法，勝利者固然可以運用，失敗者也是同樣可以參考的。

【出 處】

此計出自於《古今雜劇》關漢卿《尉遲恭單鞭奪槊》：「我也不聽他說，被我把右手帶住他馬，左手揪住他眼睫毛，順手牽羊一般拈了他來了。」

【成功關鍵因素】

計策含義：原義是指在路上順便牽走人家的羊。即指瞄準對方的空隙，順勢「撈一把」趁其不意；看準對方在移動中出現的漏洞，抓住弱點，乘機進攻獲取勝利的謀略。所謂「善戰者，見利不失，遇時不疑。」以戰略及戰術上而言，就是乘敵方的防守空隙，積極地擴大戰果的策略，亦為捕捉最佳戰機，乘隙而入以爭取利益。

本計的意義又在於，要提醒人們不要將全部的注意力貫注在同一件事上，要將自己的視野放寬一點，用審視全方位的角度去剖析，如此才能充分了解情勢，並利用客觀反應出來的獲利可能性。

本計核心：實施此計的關鍵在於「順手」之便，作用不在於順手牽走單隻的羊，而是利用空隙掌握戰機，從而謀取獲利；即來去順、取之順手、得之順便。以審時度勢而冷靜靈活的態度處理，在下決策時，要迅速果斷不失良機。若是在不順手的情況下強行取利，不僅會徒勞無功，而且也會影響原有的主要目標之實現。

商戰用法：高明的企業家對「微利在所必得」中的「微利」的理解應該是，從眼前看是「微利」，但從長遠的角度來看卻是「大利」；見利不失，順手牽來，便是這個計謀的精華所在。如何讓「利」不從眼前溜走，並緊握良機靈活使用，才是運用此計的最大關鍵。構成本計策成功條件有幾項因素：一、有一定的目標（敵方或獵物）；二、還有唾手可得的利益；三、不被任何人發覺、不遭受抗議即可獲利（乘機行動，不被人察覺）；四、獲利後，並不影響原來的目的。

在競爭激烈的商場上，每位經營者都是戰戰兢兢地守住商業機密，深怕絕技走漏。所以不僅要小心自己，更要防範他人的趁虛而入。

【歷史案例】：趙國求救

西元前三五四年，魏惠王派大將龐涓率兵攻打趙國。趙國軍隊壓根不是龐涓的對手，很快，龐涓就攻到趙國城都邯鄲城下，並包圍邯鄲。此時趙國無力再戰，只好求助實力雄厚的楚國來幫忙。

楚王接到趙國的求援信後，對於要不要出手相救充滿猶豫。於是，他召集群臣共同商議。相國昭奚反對出兵，認為應當任憑魏國攻打趙國，待他們兩敗俱傷後，再坐收漁人之利。但將軍景舍則反對昭奚的主張，他提出一個以救趙的名義來削弱趙、魏實力，並順手牽羊為楚國謀利的計劃。他的策略是出兵趙國，攻打魏國時，自己盡量少出兵，讓魏趙兩國相拼，然後再利用齊、秦力量去破魏。昭奚與景舍意見雖不同，但其目的相同，都是讓楚國保持自己的實力，同時削弱魏國。但景舍的計畫更為高明，不僅可以保有實力，坐收漁翁之利，更可以爭取到主動權。

楚王同意了景舍的計劃，並任命景舍為帥。於是景舍帶領一支人數不多的軍隊，打著救趙的旗號，跨越趙、楚之間的國界，進入趙國。雖然楚國來救援，但仍不敢龐涓瘋狂攻擊。眼看趙國就要被攻破了，此時卻傳來齊國孫臏帶兵攻打魏國都城大梁，龐涓得知後，大驚失色，立即撤兵回國，趙國才免於滅國的命運。

在這場戰役中，魏國與趙國都受到重創，給了楚國提供很好的機會。景舍抓住時機，輕而易舉地佔領趙國南部的一部分疆土。

【現代案例】：華碩推出Eee Pad炮打iPad搶亮眼（二〇一〇／〇六／〇一經濟日報）

二〇一〇年台北國際電腦展（COMPUTEX）開展前一天，華碩電腦（ASUS）為迎戰蘋果的iPad，董事長施崇棠特地親自發表三款平面裝置——「The Birth of A New Digital Gadget」（一個新數位玩物的誕生）。包括一款黑白螢幕的Eee Tablet電子書；十吋和十二吋的兩款Eee Pad彩色平板電腦，消費者根據不同使用情境需要不同的終端裝置，全新的雲端運算終端裝置，代表著雲端運算的時代來臨了。

華碩（ASUS）為了訴求不同的族群，特別將三款產品的規格需求作了明顯區別：十二吋Eee Pad鎖定商務人士、十吋Eee Pad強調攜帶性和行動上網、Eee Tablet針對行動商務族群和學生，同時也強調電子書與手寫筆記功能，只要〇．一秒，就比起市面上電子書翻頁的速度快上十倍。除了特別推薦的硬體設備外，華碩針對不同的容量，將Eee pad定價介於三九九至四四九美元間，而Eee Tablet價位在一九九至二九九美元間，價格令人為之亮眼，預計在二〇一一年分季推出上市。

華碩為了搶攻數位科技市場，推出強打的Eee Pad，董事長施崇棠還特別一一點名

iPad的不便，特地瞄準了蘋果iPad產品的缺失，包括：配備ＵＳＢ傳輸介面、網路攝影機、訴求支援網路上的Adobe Flash影音檔格式等等，針對iPad許多無法多工處理的困境，進行十足的攻擊火力。

在二〇一〇年度的數位產品新發表，就是傳聞已久的Eee Pad，華碩（ASUS）以創新、設計與完美的使用者體驗，聚焦世人讚嘆的目光，尤其是在雲端運算與遊戲部分，更是表現亮眼。華碩（ASUS）依據對手蘋果iPad弱點的部分，來加強本身競爭力的依據，就是商戰中「順手牽羊」的計策；利用對手的缺失伺機取利，捕捉到最佳的作戰時機，就能順水推舟的「乘隙取利」。

第三節　順手牽羊情境：關鍵、執行與練習

人生少不了會有競爭，三百六十行，行行都在爭權奪利。不論在何種場域，都可以看到一些「微隙」和「微利」，你是否順手牽來一用？應有全局的考量。

有時無利可圖，如弦高獻牛退秦軍功德無量。用在現代社會，「順手捐發票」也是功德，功德不也是利的別樣形態！這表示我們身處社會，有很多順手牽羊的機會。

軍事戰爭、政治鬪法、商場爭勝等，順手牽羊須要較多考量。再從關鍵要素、執行問題和九宮格練習，深化學習效果，並從全方位簡要說明小結。

順手牽羊要素及反思

——善戰者，見利不失，遇時不疑

1.關鍵要素：

- 利用或創造一個事件吸引對手。
- 對手沒有反應（比如，他分心了）
- 混沌時刻，獲得進展的優勢。
- 過程中你記得掠取利益。
- 對方悟出大錯特錯時，你已獲益。

2.執行的問題：

- 由自己或他人引發事件或干擾？
- 此刻你追逐的機會或主動性是什麼？你怎樣安排日程？
- 對手會採取所有的行動嗎？
- 若不行動，你認為他為什麼不行動？

・他的不行動給你帶來什麼機會？

・你計畫中要取得的目標是否可達成？

3.執行順手牽羊的自主練習九宮格

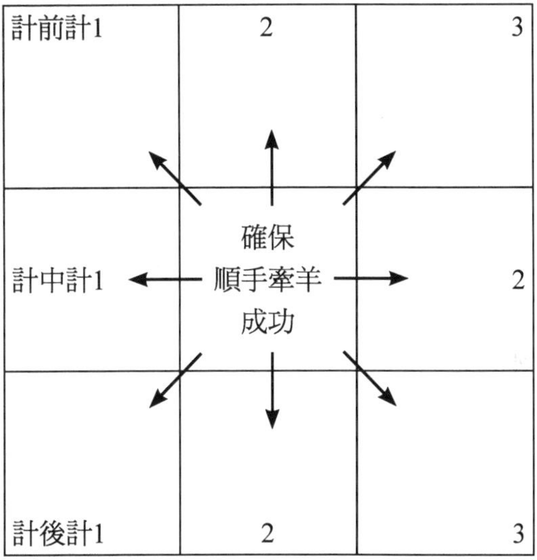

小結

(1)**應用特性**　肥料營銷也存在藍海市場，小肥種和有機肥料系列的銷售將是下一個亮點。許多大企業對小肥種比較輕視，認為不是市場的主流，但是，農資市場的特色是具有非常豐富的多樣性；在經濟作物種植方面，比較突出的問題是種植品種豐富而種植面積小，種植的機械化程度不高，土壤和自然環境的差異比較大，因此，肥料的銷售和使用是多樣化的，只有抓住小市場，才能抓住大市場，找到差異性，才能深度營銷。依靠本企業的大品牌、主流產品來實施品種多元化發展，企業不需要花費過多的物力和財力，便可以實現許多市場目標。

從營銷的角度來說，企業生存的目的不僅僅是需要把產品銷售出去，而是要謀取利益的最大化，因此企業的視覺應該更加廣泛，不斷地尋找市場先機，不斷地利用本企業的優勢去深度挖掘市場。有的時候，只是付出很少的代價就能夠獲取非常大的收益。

(2)**市場基礎**　在農作物種植的主產區，經濟作物種植的主產區。除了肥料需求之外，農民有更多的生產投入以及服務性的需求。農民種植性收入比較好。

(3)產品定位　主流產品滿足農民的需要，副產品滿足農民的細分需求，服務滿足農民的競爭需求。

(4)營銷目標　保證主流產品的銷量增長，通過副產品或者經營其他企業的產品來獲取更高的利潤，同時也可以通過服務創造價值，為企業增加獲利的新亮點。

(5)準備措施　調查消費者其他的消費需求，包括與本企業產品相同的產品需求，非同類產品的需求，服務需求等。制定更加全面的服務措施，做好創造邊際效益的準備。

(6)措施實施　與其他產品生產企業聯合起來，爭取到多種產品的經營權，以盡量滿足農民的需求為目標。採取措施，便服務項目與創造效益有機結合起來。

【附　註】

註一　可詳見任何一本《孫子》。本文按：魏汝霖註釋，《孫子今註今譯》（台北：台灣商務書館股份有限公司，民國七十六年四月修訂三版），〈九變篇第八〉，頁一五八。

註二　范聖剛、范揚松，《商戰春秋陶朱公》（台北：聯合百科電子出版有限公司，二〇一九年十二月十五日），頁九一～九三。

註三 明・余邵魚，《東周列國誌》（台北：大台北出版社，民國七十五年五月），詳見第八十回。

註四 同註三，見第八十一回。

註五 同註四。

註六 同註二，頁七三。

第三篇　攻戰計

攻戰計是可以謀攻取勝條件下的計策。攻勢作戰之戰力須大於守勢者若干。有六：

打草驚蛇
借屍還魂
調虎離山
欲擒故縱
拋磚引玉
擒賊擒王

第十三章　打草驚蛇

打草驚蛇之計也是常民社會裡，古今所熟知又常用的一種招術。但此計的本意已經過長久時間的流變、演化，現在我們所知所用的打草驚蛇，這「蛇」是指敵人或外在競爭者，而其本意是指「自己」，且甚負面。

舉例說明，陳菊和她的狗黨都是高雄市大貪官，某日有人到開封府向包大人告陳菊屬下張三貪污，因陳菊也貪了千金。她雖位高權重，也害怕包青天查到自己頭上，對她的閨蜜（也是貪官）說：「有人打草、吾已驚蛇」，這隻蛇指的是她自己。

打草驚蛇已演化成為一種謀略手段，在軍事戰爭、政治纏鬥和經濟戰略等，算是使用率極高的工具，說是一種「萬能工具」也不為過。只要注意一下近代地球上的戰爭，一戰、二戰、韓戰、越戰……乃至回到吾國三國時代諸多戰役，那一場不用到打草驚蛇？敵情不明、狀況不清，要先「打草」，弄清楚「蛇」在那裡？何種「蛇類」？實力多大？不然如何出戰？

第一節　范蠡與打草驚蛇

打草驚蛇基本操作時機模式

當面臨狀況不明，或競爭態勢可疑，或情報顯示出異於常態的敵情變動，動機尚不能理解等之時刻，都應該要嚴加追查，查出真相。出戰（或出手）前，都要掌握全面狀況，才能下達正確決心，採取正確行動。反覆「打草」（搜索、偵測），查核各種徵候和狀況，是找出真相（隱情、機密、敵情等）之不二法門。

競爭的兩造或各方，必然都會保密到家。如果敵方兵力深藏不露，可能正在暗中進行隱密陰謀，或佈局偷襲行動，我方不可不妨。要弄清敵情真相，須要更廣泛的「打草」，搜索敵情，偵察其主力所在和作為。

我方會打草驚蛇，敵方當然也會，須防患敵方以「瞞天過海」之計（如南蠻小島之三一一兩顆子彈案），故意「打草」顯露某種徵候（假情報），用以誤導迷惑對手。這是身為當局的指揮者或經營管理者，最難做出決斷的致命時機點，一步錯全局輸，乃至全軍亡滅亦有可能！

打草驚蛇擴大運用時機模式

當敵方也在打草驚蛇，我方也在打草驚蛇，則虛實如迷霧，在迷霧裡行動步步殺機。《孫子》〈虛實篇〉是走出迷霧之法門，「故策之而知得失之計，作之而知動靜之理，角之而知有餘不足之處。」（註一）「策之、作之、角之」都是「打草」作為，而「角之」是更強大的打草驚蛇作為（威力搜索）。

打草雖為驚蛇，但有時引蛇出洞後不一定要殲滅之。此在政爭、外交、商戰中常用，僅出於威懾和恐嚇，至於「蛇」是否被威嚇住，就看「打草」的力度水準，還有「蛇」的膽略了。懂得「打草」和「驚蛇」的道理，也可以逆向使用此計，即為了不「驚蛇」而不「打草」，就是「放長線釣大魚」了。

各國執政者在執法時也愛用此計，尤其為了恢復社會秩序、懲治重大犯罪時，透過公開宣示重懲犯罪者（如判死刑、槍決），達到懲一儆百，殺雞儆猴效果。這就是敲山震虎，使各個「蛇頭」聞風喪膽，不敢作亂，甚至改過自新或收行斂跡的目的。

范蠡的打草驚蛇

按打草驚蛇的正向操作模式，基本上是一種測試找出真相的手段，待真相顯露要如何處理？殲滅、威懾或其他解決辦法，要視全局利益而定；另其逆向操作，不驚蛇也不打草，則是「放長線釣大魚」的智慧。范蠡一生豐功偉業，在吳越作戰過程中，偵測和搜索是軍隊打仗重要一環。此且不論，仍有數起作為可以本計詮釋。

第一、裝瘋賣傻，打草驚蛇。范蠡年少時（約十七歲左右），和現在的年輕人一樣到處謀職。他有大志向，很想為楚國做出貢獻，他到宛城（今河南南陽）找邑令（縣長），被當成小孩胡鬧，亂棒將他趕出。（註二）他乃披鬆佯狂，不與於世。（註三）他裝瘋賣傻的「打草」行為，要驚動誰？《越絕書》有一段記載。（註四）

其為結僮之時，一癡一醒，時人盡以為狂。然獨有聖賢之明，人莫可與語，以內視若盲，反若若聾。大夫種入其縣，知有賢者……

顯然年少的范蠡假癡佯狂，正是一種「策之、作之、角之」的測試動作。其目的有二：一是找出前途明確的方向；二是引起大人物的注意。從文種三顧來訪，又一起奔往越國，證明「打草」成功，「驚蛇」（文種）也產生了預期效果。

第二、有兩次不驚蛇，故不打草。當范蠡完成「興越滅吳、消滅仇邦」之後，他知勾踐為人可與同患難，不可共享富貴，於是提出辭呈，準備走人。《史記》〈越王勾踐世家第十一〉記載曰：（註五）

> 勾踐曰：「孤將與子分國而有之，不然，將加誅于子。」范蠡曰：「君行令，臣行章。」乃裝其輕寶珠玉，自與其私徒屬乘舟浮海以行，終不反。

范蠡已感覺到殺機已在逐漸接近自己，他不能「驚蛇」（勾踐），故不「打草」。裝其輕寶珠玉，「自與其私徒屬乘舟浮海以行」，這表示他是在神不知鬼不覺狀態下離開的。他「放長線釣大魚」，才有未來開創商業王國的機會，成就商聖財神之傳奇。

范蠡二徙到了齊國，他改名「鴟夷子皮」同時做為他事對經營的商號，幾年後他又成為著名的良賈（有道的商人）。（註六）又驚動了齊國政界，知道他的賢能，要請他去當宰相。范蠡覺得不祥之兆，《史記》記載：

范蠡喟然嘆曰：「居家則致千金，居官則致卿相，此布衣之極也，久受尊名，不祥。」乃歸相印，盡散其財，以分與知友鄉黨，而懷其重寶，閒行以去，止於陶。（註七）

這段話表示范蠡感受到「物極必反」，身為一介布衣能致千金卿相，已經是最高頂點，再過去是下坡乃至是深淵，不祥，很危險。他於是「走為上計」，「閒行以去」，表示他低調的離開，不驚蛇（齊國政要或國王），當然也沒有「打草」行為。

「打草」與「驚蛇」的變項關係，可能出現各種不同模式，狀況也千變萬化。不論如何變，風險管理是整個操作過程所必須嚴格管控，范蠡是兵法家兼企業家型的「道商」，在這雙重風險管理下，就都萬無一失。

第二節　打草驚蛇之理論、詮釋與舉例說明

攻戰計

第十三計：打草驚蛇

【原　文】

疑以叩實①，察而後動；復者②，陰③之謀④也。

【按　語】

敵力不露，陰謀深沉，未可輕進，應遍探其鋒。兵書云：「軍旁有險阻、潢井、葭葦、山林、翳薈者，必謹復索之，此伏奸所藏處也。」

【注　解】

①**疑以叩實**　叩，詢問，查究。意為發現了疑點，就應該考實查究清楚。

②**復者**　復，往來也。引申為「往復、返復」。反覆去做，即反覆去叩實而後動。

③**陰**　此指某些隱藏著的、暫時還不明顯或未暴露的事物、情況。

④謀 計謀。

【譯 文】

若無法掌握敵人動態時，遇有可疑情況，要確實偵察清楚，完全掌握情況後再展開作戰行動。而反覆偵察，是發現敵人的重要手段，藉以達到暴露對方隱藏所在之目的。

按：敵方兵力不暴露，必然隱藏著很大的陰謀，不可冒然前進。應該普遍地搜索他的前鋒。兵書上說：「進軍的路旁，遇有重險關隘、坑池水網、蘆葦茂林、野草深長的地方，必須慎重地反覆搜索，因為這些都是敵人可能設下的埋伏、隱蔽兵力或是潛伏奸細的地方。」

【出 處】

此計出自於唐人段成式的《酉陽雜俎》，說的是唐代當塗縣（今屬安徽懷遠東南）縣令王魯貪贓斂財，搜刮民脂民膏。當地百姓聯合狀告他的主簿貪汙收賄，王魯看後十分恐慌，深怕自己的不法情事也遭揭露，便在狀紙上隨手寫下：「汝雖打草，吾已蛇驚。」

【成功關鍵因素】

計策含義：打草驚蛇原為打擊次要的敵人，重點是驚動主要的敵方，原該是作戰大忌，但後來發展為利用這種現象來實施計謀。使用本策略的關鍵在於，先對可疑的地方要偵察實情，在完全掌握情況後才採取行動。

用法心計：在商場上，有許多情況是無法事先預知的，競爭者的戰力實情更是無法全面掌握了解。此時，若先「打草」讓對方露出本意，然後再針對競爭對手的情況，作出最後的決策。「打草驚蛇」的戰略是一種間接的警告法。一般指的打草「驚走」蛇，是一種驅敵的方式，既有效又無危險性，適合不願與敵人直接正面迎戰時使用。此一計策是用來發現暗處敵人的謀略，為「引蛇出洞」消滅敵方，可用「打草」來「驚蛇」的方式，來使敵人暴露其位置，我方便可集中火力將其打敗。

商戰活用：「打草驚蛇」用在行銷上非常適用，為了可以作到「知己知彼，百戰不殆」，銷售員運用「打草驚蛇」先來反覆察明狀況，再採取應對措施，如此一來，行動才能更為確實而有把握。商戰上，以各種巧妙的手段，迅速提升品牌關注度，並提升品牌形象、建立好口碑，哪怕是假意與競爭者作戰，引起社會與消費者關注，也在所不惜。「打」並不是真打，而是藉此匯聚吸「睛」的方式，尤其在品牌多元化的市場裡，如何吸引消費者的目光和好奇，就成為商場上勝負的重要關鍵。

因此，提高品牌知名度，迅速塑造品牌效應，引起同行與消費者的關注，有計劃地對競爭者的弱點發起攻勢，讓自己的品牌在短時間內竄紅，並占有一席之地，這就是「打草驚蛇」一計的妙用所在。

【歷史案例】：弦高獻牛退秦軍

西元前六二七年，秦穆公企圖南下爭霸中原，當時鄭國位處中原地區最重要的位置，秦穆公對鄭國占有的地利虎視眈眈，但是秦國遠在西方，若興師動眾長途跋涉，恐怕是事倍功半，然而，秦穆公不顧老臣蹇叔的勸告，仍執意派兵攻打鄭國。

秦軍浩浩蕩蕩地出發，到了距離鄭國不遠的滑國時，遇見鄭國商人弦高。弦高正要去東周轄地做生意，他發現秦軍此行來者不善，一方面讓人偷偷趕回鄭國向國君報信，一方面又以鄭國使者身分求見。秦軍將領聽到有鄭國使者來訪，感到驚訝與困惑，不知道為何還沒入鄭國國境就洩漏了行蹤。

弦高被帶入帥帳後，見到秦軍將領便說：「聽說貴軍不遠千里而來，我國上下都很歡迎，我國國君特地派我來犒賞各位將士，送上四張皮革和十二頭牛。」秦國將領強作鎮定，支支吾吾地說不清楚此行的目的，但見弦高沒帶任何國書，懷疑了他的身分，弦高則不急不徐的回答：「貴國的行動太快，我國國君唯恐來不及犒軍，只好以口諭代替修書。」

弦高之言，讓秦軍以為鄭國已預知秦軍來襲，若真的前往鄭國，恐怕會掉入鄭國挖好的坑。況且，鄭國國君得知消息後，隨即查處內奸，秦軍原本預想的內外夾攻計畫落空，於是，秦軍改變計畫，滅掉滑國之後便中途撤軍。弦高巧妙的使用「打草驚蛇」之計，不僅探清秦軍的來意，並以心理戰術讓秦軍知難而退。

【現代案例】：保羅格蒂巧計得石油

十九世紀末，美國俄克拉荷馬州被發現石油後，吸引許多人到這裡尋找發財的機會，譬如亨利・史格達家族、喬治・格蒂家族和殼牌石油公司等，都是當地很有勢力的石油開採商。保羅・格蒂（Paul Gettey），這位曾連續二十年保持美國首富地位的石油大亨，年輕時在俄克拉荷馬州的塔爾薩展露頭角，為他的石油帝國神話揭開序幕。

當時，傳聞泰勒農場蘊藏豐富的石油，保羅・格蒂想要將這塊地買下，卻碰上殼牌石油公司和史格達家族這兩個強勁對手。泰勒農場的主人泰勒看著石油商們你爭我奪，相當得意，他相信自己的土地必定能賣個好價錢，他放出消息，要把土地交給拍賣行，誰出的價格越高，地就歸誰。

若要以資金競爭，保羅．格蒂的希望最為渺茫，於是他靈機一動，要製造一種極具顯赫的聲勢，把強大的對手嚇退。

一名自稱從北方來的大富翁巴布突然造訪塔爾薩，這位富翁神態傲慢、舉手闊綽，將大把大把的金幣拋給追著他的馬車跑的孩子們，他到泰勒農場向泰勒提出用兩萬美元買下農場，但遭泰勒立即拒絕。隔天，《塔爾薩世界報》便刊出一則關於大富翁巴布的消息。

幾天後，一輛開著福特車的年輕人也找上泰勒，他聲稱自己是大銀行家克里特的秘書賈爾曼，請求以兩萬五千美元買下農場，但泰勒仍然沒有答應。第二天，《塔爾薩世界報》以配有巨幅照片的版面刊登銀行家克里特也要購地的消息。大富翁巴布與銀行家克里特的新聞被當地媒體炒得沸沸揚揚，大家都很好奇最終會是誰得到泰勒農場。

到了拍賣會當天，起先的三位石油商都因巴布及克里特的顯赫聲勢，而打了退堂鼓，會場上只剩下巴布及賈爾曼參與拍賣。競拍由五百元起價，當叫價一路漲到一千一百美元時，巴布卻突然不吭聲了，拍賣師叫了三聲都沒人應價，於是，賈爾曼以一千一百美元得到泰勒農場。這個結局讓眾人目瞪口呆，泰勒更是心如刀割。賈爾曼為銀行家克里特奪得這塊土地後，又轉手賣給格蒂家族，結果格蒂家族在這片土地上獲得巨額財富。

事實上，這場拍賣是保羅・格蒂精心設計的騙局，「巴布」只是保羅・格蒂從遠處的鄉村雇用的一個當地人，「賈爾曼」則是保羅・格蒂一個在銀行工作的朋友。保羅・格蒂使用的是「打草驚蛇」之計，製造出遠強於對手的氣勢，而把實力強於自己的對手嚇走，進而達到自己的目的，即獲得泰勒農場這場大蛇。

第三節　打草驚蛇情境：關鍵、執行與練習

弦高獻牛退秦軍的故事，在「順手牽羊」一計中引例，現又在打草驚蛇舉為史例。這是所有計謀都存在一個共通性，即「瞞」字，同一個狀況可做不同計謀的詮釋，可見計謀是很神奇之物，實在是運用之妙，存乎一心。

打草驚蛇說來容易，要行之高妙極不容易，尤其在打不打草、驚不驚蛇之間，極難把握得準，是科學也是藝術。為深化學習成果，再從關鍵要素、疑行問題和九宮格練習，提供學習者反思，並簡略全方位說明小結。

打草驚蛇要素及反思

——一種慎戰先敵的計謀

1. 關鍵要素：

- 利用現代媒介、事件創造聲量。
- 對敵人實力或戰略心中不了解。
- 向對手發動小規模或間接攻擊。
- 從對手的反應中暴露其實力或戰略。
- 用獲取的新情報，發動「真」攻擊。
- 作好進攻時的欺敵動作及實力。

2. 執行的問題：

- 調查對方目前最關注、吸睛關鍵議題。
- 全力以赴的、做出保證的攻擊看起來像什麼？
- 小規模的、未做出保證的攻擊看起來像什麼？
- 從小規模的攻擊中獲得什麼新信息？你能回答什麼？
- 描述全力以赴攻擊和小規模攻擊的可能性結果。

・你傾向於哪種結果？

3.執行打草驚蛇的自主練習九宮格

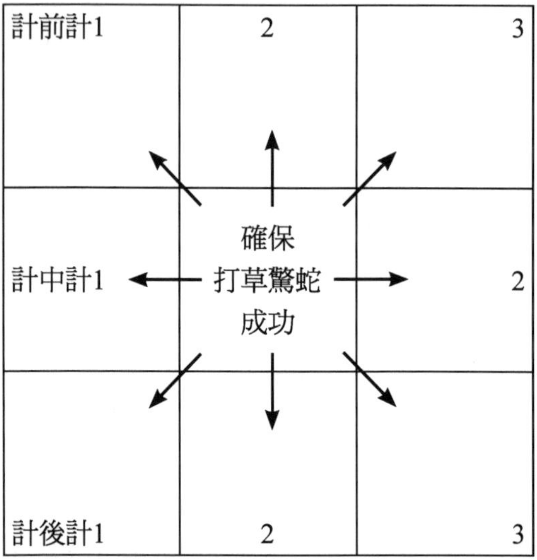

小　結

(1)應用特性　企業進行市場營銷時，要認真調查市場，謀後而行，且要行動隱秘。

這是企業競爭實力相對較弱，市場條件不利於己方時採取的策略。強勢名牌企業在開發市場時，則採取廣告轟炸，明目張膽，大張旗鼓。

從營銷的角度來說，打草驚蛇是低成本阻礙競爭對手或是迷惑競爭對手的方式，還可以引起消費者的高度注意，零售商也會因此而向本企業聚集。行動的前提是必須了解對方的弱點，這樣才能打草驚蛇，否則就是惹怒老虎。打草驚蛇的目的是嚇跑蛇或者拖垮蛇，首先讓蛇亂了方寸，做出錯誤的舉措。但是，如果競爭對手實力較大，或者有區域的控制能力，容易造成猛蛇反撲或者群蛇反撲的狀況，企業的風險就會增加。

⑵**市場基礎** 本企業的產品適合市場的需求，但是銷量不大，知名度有限，企業因為發展的需要，必須開發這一市場。

⑶**產品定位** 將產品通過營銷定位在優質產品的行列中。

⑷**營銷目標** 在區域市場內找到目標市場，在目標市場內集中促銷，創立幾個營銷典範，通過媒體進行普及性宣傳，引起競爭對手、經銷商以及農民的注意。

⑸**準備措施** 通過調查，確定縣級以下的區域市場作為目標市場，以縣級電視台為重點宣傳方式，開展廣告促銷。準備銷售的產品開始進入市場布貨。

⑹措施實施　第一步，廣告先行，配發宣傳單、促銷品。第二步，開展試驗示範園的工作。第三步，幫助零售商在銷售季節前集中力量進行門店促銷。

【附　註】

註一　可閱任何一本《孫子》，本文按：魏汝霖註釋，《孫子今註今譯》（台北：台灣商務印書館股份有限公司，民國七十六年四月修訂三版），〈虛實篇〉第六，頁一三五。

註二　范聖剛、范揚松，《商戰春秋陶朱公》（台北：聯合百科電子出版有限公司，二〇一九年十二月十五日），頁三五。

註三　漢・袁康、吳平，《越絕書》（台北：世界書局，民國五十一年十一月），頁九五。

註四　同註三，頁九二。

註五　漢・司馬遷，《史記》（台北：宏業書局，民國七十九年十月十五日），見〈越王勾踐世家第十一〉，頁一七五二。

註六　同註二，見本論，第三章。

註七　同註五，頁一七五二～一七五三。

第十四章 借屍還魂

小說電影中借屍還魂的「屍」，頗多負面意涵。但三十六計裡有很多正面運用，屍的意涵也擴大到極限。借屍還魂，說屍即非屍，而是指：㈠已死之物（無用）的再利用；㈡可利用的東西（人、事、時、地、物）；㈢可利用的勢力、集團等。以上三種利用都為「還魂」，以壯大自己力量，達成所要目標。

研究人類社會的鬥爭演進，對借屍還魂的運用，用於政治奪權多過軍事戰爭，古今中外皆同。每一個朝代滅亡而尚未亡盡（如明朝亡於一六四四年，之後尚有皇室後裔稱王稱帝數十年），尚能掌握一股力量的集團，紛紛擁立亡國君主後裔，打著「正統」旗號，進而控制一個局面，直到被新的朝代政權完全消滅（統一）為止。

最明顯是現在的「中華民國」，可以說已成一「屍」。但台獨操弄這屍，使其裝入台獨內容，而中華民國成為一具空殼，未來可能連「空殼」也不要了。

南美的印加大帝國於一五三二年，被西班牙一百多個屠夫消滅，次年處死國王阿塔瓦爾帕。但仍有王室後裔以「正統」為號召，持續抵抗，稱王稱帝，直到一五七二年最後的王圖帕克。阿馬魯也被西班牙人處死。（註一）不論古今，在朝代更替之際，「借屍還魂」似乎都是必然會上演的一幕壯烈悲劇。

除了朝代更替會有殘餘勢力上演借屍還魂大戲，歷史上也還有很多著名實例，劉備進取益州（四川）、陳勝和吳廣揭竿而起、曹操挾天子以令諸侯、康有為托古改制。另如俄國扶植傀儡入侵波蘭、希特勒的德意志第三帝國、日本人策建「滿洲國」……

以推行「民主政治」的國家，基本上就借「民主」奪權，選前民主是「可利用之物」，選後民主只是一塊「屍體」。當選人成為最強大勢力，可建立自己王朝，這就是「瞞天過海式借屍還魂」，美其名曰：「民主」！

第一節　范蠡與借屍還魂

借屍還魂基本操作時機模式

現在社會流行垃圾回收再利用，這就是借屍還魂的意義和價值。在各方競爭過程中，有很多表面上看是無用的東西，但有眼光的人看出是寶，加以利用反而產生一定功能和力量。正是所謂「牛眼識青草，慧眼看是寶」。

在軍事作戰、政治鬥爭或商場經營裡，主要「借屍還魂」的核心思維，是在利用、支配那些沒有作為的勢力來達到我方目標的策略。所謂「沒有作為的勢力」（或弱勢），如三國時代的劉璋、清末的中國，各方強者都想吃，弱者必會尋求靠山，這就是利用與控制這股勢力的機會。當你成為一塊「屍」，很快就被吃掉，乃自然法則也。

借屍還魂擴大運用時機模式

凡是利用那些大家看都「無用」的客觀條件，以達成己方所要目的之策略，均可叫「借屍還魂」。至於借的是「屍」還是「無用」之物，已無關緊要，只是一種「不能用者」之代號。要切記的是，己方在「借屍」，敵方（或同局之各方）必也設法

「借屍」。

「借屍」的範圍，擴而大之有無限個機會和模式，如借天時、地利、人事等，甚至借神借鬼借仙來成就某事。孔明「借東風」正是本計之用，最後病死戰場，借事先刻好的「孔明木刻像」，嚇退司馬懿大軍，借屍還魂之計使得如神鬼之難測。後世乃流傳一句「死諸葛嚇走生仲達」，仲達（司馬懿）自嘆：我中了借屍還魂之計。

世間凡是「借」來一用，成就自己所願，都可列入借屍還魂的操作模式。如借刀殺人、借水行舟、借助他山、借花獻佛、借風駛船等，有智慧的人可以「借」到天底下萬事萬物，包含財富、女人和權力，而隨時也可以放下。如范蠡。

范蠡的借屍還魂

范蠡是很窮的窮二代，何以能「居家則致千金，居官則致卿相，此布衣之極也。」（註二）他一生的豐功偉業成了千古不朽的傳奇神話，從借屍還魂的邏輯來看，確實神奇得像是神話。他到底如何「借」的？成就「布衣之極」，深值現代人學習。

第一、借越國之力創立霸業。大約十八歲不到的范蠡，「借」裝瘋賣傻，吸引當時的邑令（縣長）文種三顧矛蘆、范蠡對文種說：「霸業創立，非吳即越。君如去越，蠡願隨供犬馬之役。」（註三）由此證明年輕的范蠡，已立志到越國創立霸業，大家要注意「霸業」二字，不是普通工作，月薪二Ｋ過過日子就好。這是要借越國國力才辦得到，歷史證明他「借」到了，也完勝成功。

第二、兩軍對陣中，借死士自刎亂吳軍。古代作戰都是敵我兩軍先擺好陣形，雙方主將先叫罵一陣。周敬王二十四年（前四九六年），吳越有一場「檇李之戰」（在今浙江嘉興縣西南）（註四），越軍用了更激進的辦法，使吳軍陣勢生亂，《史記》曰：（註五）

十九年夏，吳伐越，越王勾踐迎擊之檇李，越使死士挑戰，三行造吳師，呼！自剄。吳師觀之，越因伐吳，姑蘇，傷吳王闔閭指，軍卻七里。吳王病傷而死，闔閭使立太子夫差，謂曰：「爾而忘勾踐殺汝父乎？」

檇李之戰，吳軍大敗且吳王闔閭傷死，敗因是越使死士挑戰，在吳軍陣前個個自殺，造成吳軍陣勢生亂。越之「死士」，是越國的死刑犯，早晚都死，不如借用以亂吳軍，這個「鬼點子」必是范蠡的主意。在《史記》〈越王勾踐世家〉也記載：（註六）

> 元年，吳王闔閭聞允常死，乃興師伐越，越王勾踐使死士挑戰，三行，至吳陣，呼而自剄，吳師觀之，越因襲擊吳師，吳師敗於檇李，射傷吳王闔閭，闔閭且死，告其子夫差曰：「必毋忘越。」

「死刑犯」確實已是「無用之物」，已將成一「屍」，借用於戰場，是真正的「還魂」。一者化罪為功，也是一種戰功；二者鼓舞越軍士氣；三者震懾吳軍士氣；最終使越軍取得勝利。

第三、借齊國商業環境的優勢，建立自己的商業王國。范蠡二徙選擇到齊國經商，有四大深遠的原因：㈠齊國有悠久的工商業文化歷史背景、㈡齊國有成熟的工商業發展思想、㈢齊國有完善的工商業管理制度、㈣齊國有優厚的招商政策和投資環境。（註七）

在當時中國大地上的各諸侯國，齊國有最好的經商環境，所以范蠡要借以發展自己的「鴟夷子皮」王國。歷史證明他又「借」對了，直到齊人要請他當宰相，他覺不祥，只好進行三徙。

范蠡三徙也是很智慧的選擇，並非走頭無路「流浪到陶地」。按《史記》上說：

「止于陶，以為此天下之中，交易有無之路通，為生可以致富矣。」」（註八）可以這麼說，范蠡看上了「陶地」，因為在這裡做生意可以致富，故「借」來一用。

從借屍還魂的策略理念，世上一切有形無形都可借用，以壯大自己勢力或實現自己所要目標。范蠡可以說無所不借，他初到渤海灣借貧窮鹽民組成鴟夷子皮商號。

美人計中，對夫差下工夫的是西施，但也可以說范蠡借西施來瓦解吳國的「精神長城」。一個西施所發揮的戰力大於越國兩個步兵師吧！是范蠡所借最大一股勢力。

第二節　借屍還魂之理論、詮釋與舉例說明

攻戰計

第十四計：借屍還魂

【原　文】

有用者，不可借①；不能用者，求借②。

借不能用者而用之，匪我求童蒙，童蒙求我③。

【按語】

換代之際，紛立亡國之後者，固借屍還魂之意也。凡一切寄兵權於人，而代其攻守者，皆此用也。

【注解】

①**有用者，不可借**　世間裡，許多看起來很有用處的東西，往往不容易去駕馭而作為已用。

②**不能用者，求借**　有些看起來沒什麼用途的東西，往往有時還可以借助它而發揮作用。猶如我欲「還魂」，還必得借助看似無用的「屍體」復活的道理。

③**匪我求蒙，童蒙求我**　匪，通「非」，不是的意思。見於《易經・蒙》。蒙，卦名。本卦是異卦相疊（下坎上艮）。本卦上卦為艮為山，下卦為坎為險。山下有險，草木叢生，故說「蒙」，這是蒙卦的卦象。《經解》：「喻童子弱時，必依先生以強立。故曰童蒙。……又蒙者，蒙蒙，物初生形。是其未開著之名也。童，未冠之際。」童蒙，這裡指幼稚無知、求師教誨的兒童。意為：不是我聽從孩童（指弱者），而是孩童聽從我。又可解為：不是我受別人的支配，而是我支配別人。

【譯　文】

凡是自身能有所作為者，不易為他人利用；凡是自身沒有作為的，就有可能為我所用。對那些自身不能有所作為的加以控制並利用，其中的道理，就像幼稚蒙昧之人須要求助他人的幫助，而不是他人去求幼稚蒙昧的人一樣。

按：歷史上改朝換代之時，紛紛扶植亡國君主的後代，這固然屬於「借屍還魂」的計謀；而一切把兵借給別人，並代替別人進行攻擊或防禦的，也都屬於這一計謀的適用。

【出　處】

此計出自中國古代關於八仙之一的傳說。相傳鐵拐李，本名李玄，原是風度翩翩的少年，因好幻想又醉心於仙道法術，因此拜太上老君為師修道。某次，他的魂魄要離開軀體，跟隨太上老君去神遊。臨行前，囑咐徒弟為他看顧遺體：「七天後若我的魂魄未歸回，便可將我的屍首焚化。」到了第六天，徒弟因母親病危急需返家，於是只好將他的屍首焚化。當李玄到回家時，找不到自己的軀體，見到路邊有一具乞丐的屍體，於是借屍體還魂，從此變成蓬頭垢面且跛腳的乞丐模樣。此故事亦見於元朝岳伯川的雜劇《呂洞賓度鐵拐李岳》。

【成功關鍵因素】

計策含義：「借屍還魂」原意是指已經死亡的東西，借助某形式而重生。延伸為透過支配他人的勢力，來達成自己的目的，在該計策中，那些被我方利用的勢力，是看似已無所作為的力量，縱使在一般人眼中為「無用」，但對我方來說，若仍具有價值，便可以利用之。此計的方法是「借屍」，目的是為了「還魂」，一般是在有屍可借、靈魂仍在的情況下使用。而在實用上，「借屍」是將外部有用的條件轉化為充實自己的力量，「屍」是什麼其實不重要，「魂」才是真正要掌控住的，技巧就在於把握「借力點」，終而達到「還魂」的意圖。

用計核心：利用那些看起來「不能用」的客觀條件，來達到自己目的的策略輔助，均可稱之為「借屍還魂」。本計核心在於「借」字，善於憑藉那些常人看來「不能用、無用」的東西及條件來化為己用，以達到起死回生、東山再起的重新復甦。至於所借之「屍」只是一種其名，是利用何種物件或東西作為重新出發的本體，都不是事件要點了。在軍事謀略中，是在作戰處於被動之時，要及時利用一切可使用、可利用的條件，化被動為主動局勢以求勝利的戰果。

商戰用計：此計亦是以輪迴論作為依據。用舊有、損壞的事物，以新的內容加以填補注入，使它外表看起來雖是舊有的形體，但實際上卻是偽裝舊外衣之下的新生命。在現代企業經營中，「借屍還魂」也被廣泛地運用在改造舊企業、舊產品方面；利用名人或品牌效應，充分運用有的條件，可避免風險或承擔白手起家的艱難。本計用於商業管理階段，可為作為提升品牌地位，借助一些現有的資源，併其整合加以利用。在市場上多元的競醉中，就不會被孤立作戰，而能獲得最後機會的勝利。最重要的是「魂」不能散──即為品牌的核心主張及地位要素，皆要融入所「借」的資源當中，這才是計謀使用的重點，也是提升品牌地位的奧妙所在。

【歷史案例】：曹操挾天子以令諸侯

東漢末年，天下大亂，群雄割據、皇權低落，因為皇帝沒有實質的軍事權力，只是空有皇帝之名罷了。董卓為強迫洛陽全體臣民移居長安，便在城內放火，使宮殿民宅全部毀於一旦，迫使全民遷都長安，造成洛陽殘破不堪。因此各方霸權都不想去收皇帝的這個爛攤子。曹操逐鹿沙場、胸懷大志，決心改朝換代，一統中原天下。

子曰：「名不正則言不順，言不順則事不成。」曹操雖有意入主中原，但是為了自己如何定位大動干戈的名義而煩惱。此時，曹操的首席謀臣──荀彧，則建議曹操恭迎獻帝。他說：「歷史上記載，晉文帝接納了周襄王，各地諸侯即紛紛來投靠他；

漢高祖為義帝孝服東征，天下之心也歸順於他。自天子蒙難以來，您無時不感念漢室宗族。如今，天子已達洛陽，正是建功立業的好機會。若可將天子奉迎到許都，屆時各地將擁戴於您，您的聲勢也將會如日中天了。」

荀彧以迎獻帝會帶來三點好處來說服曹操：一、可以順從民心，得到百姓的擁戴與支持；二、可以借輔佐天子之機，使各地諸侯臣服於膝下；三、可取義於天下，使各地英才前來紛紛投效，則軍備大增。在分析利害之後，曹操聽了大喜，當機立斷決定迎獻帝。

因為當時雖然皇權低落，但獻帝名義上是漢朝的皇帝，終究還是正統的天子，因此擁立皇帝的舉動，還是被世人認為是正規的。當時袁紹在田豐、沮授等人的建議下，也曾考慮要迎獻帝。不過袁紹猶豫不決，加上郭圖等人認為要復興漢室實在太難，況且，迎立漢帝會削弱自己的權力，勸袁紹還是取消這念頭，袁紹終於放棄。

於是，曹操親赴洛陽，將獻帝奉迎至許都後，曹操亦遷都於許都，放棄了殘破的舊皇都洛陽。表面上是「奉迎」，但實際上是「挾持」控制。自此之後，曹操便開始以天子之名行事，他的命令都是以皇詔頒布。這種挾天子令諸侯的情況，維持了很長一段時間，也讓曹操成為權傾朝野的一代梟雄。一直持續到他潛越為魏王，然後至他兒子曹丕廢帝建曹魏為止。

挾天子以令諸侯，使曹操借用已經衰落的漢室之「屍」，讓自己成一統中原霸主之「魂」。因為比別人膽大與雄心壯志所趨，讓曹操終於建立了一代霸業。

【現代案例】：種下紀念樹　賦予旅館新生命

如何讓自已暗淡無光的生意，重新燃起動人的生命，商戰計策帶領商人們改變生意，就從作戰方式改變起。日本有位聰明的商人，根據自己經營多年的旅館，重新計畫一個經營作戰計謀，準備讓自己的生意大發興市。

鄰近旅館後方有一大片山地荒蕪閒置著，別出心裁的旅館老闆貼出了一個公告：「親愛的旅客　您好！本旅館地理位置佳，後山有片寬闊的土地，此處寧靜而宜人，是為種植紀念樹的預定地。如果各位有興趣，不妨和你同行的伴侶一起親手種下一棵小樹，屆時本館將會派人來拍替您拍照留念，並立下小木牌，刻上您的大名和植樹日期。當你下次再度光臨時，這棵樹苗可能已經枝葉茂盛、欣欣向榮了，因為是本人親手種植，意義非凡，讓您在這裡彷彿有自家後院的感覺。歡迎您經常回來這個「家」。此活動只收樹苗費用二千元日幣。」

這張頗具魅力的海報一展出，許多來到旅館渡蜜月，或是紀念結婚周年的夫妻，以及年經輩的民眾們，莫不結伴攜友的來此參加，因為大家都想要種植一顆心靈上屬於自己的樹，讓它永久生長在地球，以作為永恆的紀念。

不久後，後山種滿了群樹，不僅使旅館生意興隆，絡繹不絕，各階層的客群都照顧到之外，還能使旅館外圍的環境變得更幽靜，且到處充滿了源源不息的生機。

第三節　借屍還魂情境：關鍵、執行與練習

借屍還魂的運用，有個很大的顧慮，即人性的自私、貪婪、玩弄權力，乃至惡念叢生。同樣的裝神弄鬼，孔明「借東風」和「死諸葛嚇走生仲達」，用的很高明而且正派，才會成為千秋典範。相反的，也有裝神弄鬼來騙財騙色，更邪惡的借屍還魂出賣國家民族利益，台灣一些民族敗類，借中華民國消滅中華民國正是。

筆者期許大家借屍還魂要用的正派，為深化學習效果，再從關鍵要素、執行問題和九宮格練習，提供反思方向，並全方位略為說明小結。

借屍還魂要素及反思

——「借屍」是將外部有用的條件轉化為充實自己的力量

1. 關鍵要素：

- 從生命週期一階段角度檢視資源。
- 採用了被忘掉／拋棄的東西（模式、主意或技術）。
- 重新採用會發生什麼結果。
- 你把這種唯一性轉化為實力。
- 採用創意手法創造另種可能。

2. 執行的問題：

- 檢視你身處生命週期何處？
- 對手放棄了什麼模式、主意或技術？
- 如果你重新採用，將會發生什麼結果。
- 你會變異自己嗎？
- 你採用奔馳創意法了嗎？
- 你創意出擊對手會怎麼反應？
- 是否重新採用那些模式、主意或技術中的部分？

3.執行借屍還魂的自主練習九宮格

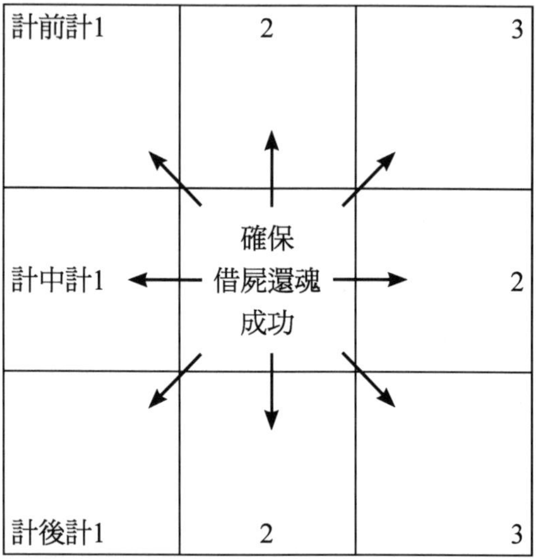

小結

(1)應用特性　企業無法自行開發市場或者在市場上遭遇競爭對手以及網絡的直接射殺時，可用考慮這樣的謀略。有實力的經銷商往往難以控制和管理，但是可以通過技術營銷加以整合，借助經銷商的實力迅速開發市場。沒有實力的經銷商，需要培養和扶持，需要整合管理結構、需要人才培訓，需要模式指導，然後借助其綜合實力，迅速開發市場。也可以應用到企業的多種品牌經營戰略，當本企業產品遇到意外的市場風險時，比如品牌或者信譽危機，企業可以迅速轉換品牌，另行圖謀發展。企業也可以採取捆綁銷售的方式，借助在市場上比較知名的品牌產品的信譽，推廣自己的產品，讓自己的產品與名牌產品在消費者的頭腦中類同化。

從營銷的角度來說，借屍還魂也是一種借力發揮的策略。借屍還魂可以借其他產品的品牌和網絡，但是重要的目的還是還魂，還魂實際上就是營銷整合行為，企業整合成功了，還魂的目的也就達到了。

(2)**市場基礎**　產品的品牌銷售比較分散，各種產品都有消費群。網絡也比較分散，批發商各自占領區域市場或者在一個區域內進行競爭。本企業產品進入市場可以有發展的前景。

(3)**產品定位**　將企業的產品定位於適合當地農民的需求，具有一定的種植針對性，符合農民的基本需求。

(4)營銷目標　通過借助其他企業的網絡銷售，以低成本進入市場，將自己的產品與市場上知名的高端產品等同起來銷售。

(5)準備措施　選擇一家或者幾家經銷商作為合作夥伴，選擇一個或者幾個知名品牌作為自己產品促銷的參照物，選擇本企業最合適的產品進入市場。

(6)措施實施　第一步，依靠經銷商網絡進入市場。第二步，將自己的產品與選定的參照產品進行對比性促銷，比如比價格、比性能、比服務、比效果等。第三步，做好產品自己控制銷售、自己控制經銷網絡的準備。

【附　註】

註一　金・麥考瑞（Kim MacQuarrie）著，馮璇譯，《印加帝國的末日》（新北：自由之丘文創事／遠足文化事業股份有限公司，二〇一八年十月）。

註二　漢・司馬遷，《史記》（台北：宏業書局有限公司，民國七十九年十月十五日），頁一七五二。

註三　漢・袁康、吳平，今人楊家駱主編，《越絕書》（台北：世界書局，民國五十一年十一月），第七卷。

註四　陳福成，《大兵法家范蠡研究》（台北：文史哲出版社，二〇一六年六月），第四章。

註五　同註二，〈吳太伯世家〉，頁一四六九。

註六　同註二，〈越王勾踐世家〉，頁一七三九～一七四〇。

註七　范聖剛、范揚松，《商戰春秋陶朱公》（台北：聯合百科電子出版有限公司，二〇一九年十二月十五日），第二篇，第三章。

註八　同註二，頁一七五二。

第十五章 調虎離山

小時候讀注音版《西遊記》，相信是很多人的童年回憶，孫悟空等一行人經常中了妖魔鬼怪的調虎離山計。那時候太入情境了，孫悟空和豬八戒他們尚未發現是妖怪計謀，小朋友就先知道是調虎離山之計。可見得要使此計，並非什麼難事，小朋友也會調虎離山的遊戲。

後來研究古今中外戰史，要將此計揮灑得高明，也須要不凡的智慧。有史以來，行使此計最出色莫如陳平，他給劉邦出的六大奇計，都是「調虎離山」原理的運用：㈠離間楚霸王的重臣鍾離昧等，削弱其力量；㈡氣走范增，孤立楚霸王；㈢夜出女子二千人，解劉邦滎陽之圍；勸劉邦封韓信為齊王，利用他去打江山；㈣叫劉邦偽遊雲夢，擒拿韓信；㈤解白登之圍，救回劉邦。其手法操作之高明，真是神鬼亦難測。

幾乎所有的戰爭都會思索到本計之用，歷史上也留下無數案例，含含政爭奪權等亦如是。伍子胥用計公子光刺殺吳王僚、趙括輕出長乎四十萬大軍滅沒、劉秀稱帝後派耿弇圍城打援、孫策占據江東、韓世忠征討劉忠等。

十二世紀阿拉伯名將薩拉丁圍殲十字軍、十九世紀「紅衫軍」解放西西里、希特勒解散工會等。現代民主政治的政爭更高明（公開），只要找個「莫須有」把黨領袖關起來，用媒體不斷醜化，說貪污養小三等，聖人便在一夜間成了人民喊打的過街老鼠，這就成了「瞞天過海式之調虎離山」。

第一節　范蠡與調虎離山

調虎離山基本操作時機模式

調虎離山，用在軍事作戰上，是一種調動敵軍的謀略，通常能「調動」只有自己的部隊，敵軍怎能調動他？所以這是難度較高的計謀。「虎」指的是敵方主力，「山」是敵方佔據的有利地位，要設法使甚喪失地利優勢。

如果敵方（對手）已佔據有利地位，且兵力強大，防範嚴密，此時我方不可硬攻。正確的方法是設計引誘，把敵人誘出他的「基地」，或誘入對我方有利的地區，這才是取勝之道。

若不能調離敵之主力，調開其部分兵力，使其戰力分散，處於被動情勢，進而有機會掌握戰場主動權，也是本計之應用。此計成功關鍵在一「調」字，須善觀敵指揮官心理特點，用足以誑騙之謀略，使之誤判情勢，做出「離山」之決定，本計便成功六成。剩下的，只要把握殲敵時機，要「殺虎」或「捉虎」，就隨你了！

調虎離山擴大運用時機模式

要「調出」敵軍並非沒有辦法，試舉四種。第一，「利而誘之」。「合於利而動，不合於利而止」，是孫子兵法真言，也是軍事指揮者內心所思。要使其離開有利地位，須用利益引誘，使他見利忘害，利令智昏，自動「離山」，這類史例亦多。

第二「攻其必救」。孫臏所創的「圍魏救趙」，算是典型的調虎離山，攻其所必救。一般常言趕鳥出籠，引蛇出洞，如俗話說「打了孩子娘出來」，為使「娘」出來，必須打她的「孩子」。

第三「假傳聖旨」。戰場上訊息千變萬化，真真假假，這就是以假亂真的「溫牀」，假傳敵人的上級命令，往往可以賺到調虎離山之目的，三國群雄最愛用這招，上當的也不少。

第四「怒而撓之」。如果敵方指揮官性情暴躁，則用此法有效；沉不住氣的城堡指揮者，往往被「罵」而「離山」出城應戰，吃了大虧。這不止是電影情節，歷史上真實案例說之不盡。

你要「調虎離山」，敵方也在調你離山。防備「被調」之對策有：㈠加強指揮官的計謀（戰略）素養；㈡做好情報工作，掌握敵指揮官性格和戰場狀況；㈢注意情報判斷，善於去偽存真，透過現象看本質。㈣靈活機動應付敵方施行計謀，將計就計，須勢破敵。大致上「調」虎方式亂之以虛、激之以智、誘之以利、驅之以害、曉之以理等。

范蠡的調虎離山

從調虎離山一計的操作邏輯，筆者在前章所提到，南美印加大帝國之所以滅亡，只不過是國王中了西班牙野人的調虎離山計。時間拉回到一五三二年十一月十六日，星期六午後，西班牙的野人首領法蘭西斯科・皮薩羅（Francisco Pizarro, 1478-1541），率一百六十八個野人（含他），將印加國王阿塔瓦爾帕約到一個廣場，國王帶六千衛士赴約。廣場其實是陷阱，四週已架好當時先進的槍砲，僅三小時大屠殺，消滅六千衛士，次年也處死國王阿塔瓦爾帕，印加帝國滅亡。（註一）亡於國王和臣民不肯改信基督教，以上帝之名，用調虎離山計滅亡之，並警示世人：不信基督者，殺！殺！殺！

筆者同情阿塔瓦爾帕之死，試圖為他尋求救贖，寫了長詩〈印加最後的獨白——國王阿塔瓦爾帕之死〉。（註二）吾國春秋時代吳國國王夫差，和阿塔瓦爾帕同樣，都是中了調虎離山計，也同樣身死國亡，但我並不同情夫差之死，到底他是如何中了范蠡的調虎離山計。

越國對吳國的政策，戰略之擬訂執行，主要是文種和范蠡，文種負責內政文事，范蠡負責外事武備，而勾踐對范蠡則言聽計從，對「興越滅吳」一事三人有高度共識。對越國而言，要調離的「虎」是夫差和他的主力部隊，要調「離山」是要夫差率大軍北進中原，與中原各項強爭霸，借戰爭消耗吳國戰力。所以越對吳表現得恭順，提供勞工米糧助吳北進，越之計策大抵如是：（註三）

> 約詞行成，以喜其民，以廣侈吳王之心……必許吾成，而不以越為可畏也。

不以吾為可畏，必將寬我，而往霸諸侯焉。如是，吳將自疲敝其民，乃無有命矣。

當越國表現得越是恭順，夫差越是歡喜，只有伍子胥看出越國的計謀，簡直是在玩弄吳國，最後必置吳國於滅亡之境。所以伍子胥力諫夫差，不要北進中原，勿與中原各國爭霸：（註四）

將玩吾國於股掌之上以得其志，夫固知君王之蓋威好勝也，故婉約其詞，以從逸王志，使淫樂於諸夏之國之自傷也，使吾甲兵鈍敝，人民離落，而日以憔悴，然後安受吾燼。

伍子胥這段諫言分析，可以說百分百看破了范蠡、文種的調虎離山計，最終結果是吳國滅亡。只可惜夫差聽不進去，且伯嚭也為越美言（伯嚭成了范蠡的代言人）。但伍子胥的存在也是越國的威脅，所以伍子胥也是必須調離山的「虎」，透過伯嚭在夫差面前讒言，終於「借刀殺人」，夫差賜死伍子胥，這隻「虎」便永久離山。《史記》記載伯嚭讒子胥：（註五）

因讒子胥曰：「伍員貌忠而實忍人，其父兄不顧，安能顧王？王前欲伐齊，員強諫，已而有功，用之反怒王，王不備伍員，員必為亂。」……王乃大怒，曰：「伍員果欺寡人！」役反，使人賜子胥屬鏤劍以自殺。

伍子胥死後，夫差認為越國完全臣服於吳，已無後顧之憂，乃率其大軍北進中原，國內僅留一王子及老弱守國。十餘年間與陳、魯、齊均有戰爭，至周敬王三十八年（前四八二年）與晉軍相持於黃池（河南封丘）。這個時機點，對越國而言「兩隻老虎」都不在山（吳國境內），越國乃發動「第一次襲吳」之戰。（註六）打打停停，戰爭持續約十年才滅吳，調虎離山取得完勝。

吳王夫差和印加國王阿塔瓦爾帕，二人之歷史背景和時空因素完全不一樣。相同的是二者都一國之王，都有崇高地位，同是中了「調虎離山」之計，導至自己身死，國也滅亡，因於統治者一人所犯的錯。

夫差犯的錯是愚昧，欠缺觀察判斷力，愛令智昏；阿塔瓦爾帕犯的錯是輕忽，輕敵又無知，都是身為領導者不該犯的錯。但這也證明，敵我之間的勝敗，就是一種「犯錯的比賽」，這是智者兵家開示之真言。

第二節　調虎離山之理論、詮釋與舉例說明

攻戰計

第十五計：調虎離山①

【原　文】

待天以困之②，用人以誘之③。往蹇來返④。

【按　語】

兵書曰：「下政攻城。」若攻堅，則自取敗亡矣。敵既得地利，則不可以爭其地。且敵有主而勢大。有主，則非利不來趨；勢大，則非天人合用，不能勝。漢末，羌率眾數千，遮虞詡⑤於陳倉崤谷。詡即停軍不進，而宣言上書請兵，須到乃發。羌聞之，乃分抄旁縣。詡因其兵散，日夜進道，兼行百餘里，令軍士各作兩灶，日倍增之，羌不敢逼，遂大破之。兵到乃發者，利誘之也；日夜兼進者，用天時以困之也；倍增其灶者，惑之以人事也。（《後漢書》五八《虞翊》、《戰略考・東漢》）。

【注　解】

①**調虎離山**　原意是：「引虎出山」。比喻戰爭中將敵方引出據點，將對方的兵力引誘到對我方有利的地方去作戰，不同於「縱虎歸山」的意義。

②**待天以困之**　天，指自然的各種條件或情況。本句為：戰場上，我方等待自然的條件或情況，當對敵方不利時，再去圍困他。

③**用人以誘之**　用人為的假象去誘惑敵人，使他向我方就範。

④**蹇來返**　蹇，原義為跛，引申為行動不便，有艱險困難的意思。語出《易經・蹇》卦。蹇，卦名。本卦為異卦相疊（艮下坎上）。上卦為坎為水，下卦為艮為山。山上有水流，山石多險，水流曲折，言行道之不容易，此為本卦的卦象。「彖曰：蹇難也，險前在也，見險而能止，知矣哉。」此意為：往前去有危險，就返身離開。

⑤**虞詡**　字升卿，後漢陳國武平（河南鹿邑的西北）人。初任郎中，永初年間，元人發動暴亂，襲擊并、涼二州。軍心動搖之時，他堅持主戰任朝歌之長。後來羌人入侵武都（甘肅成縣的西北），鄧太后見其有將才，於是將其擢升為武都太守。至郡都後，用三千兵力戰萬名羌人於赤亭（成縣西南）使「調虎離山」的計策，並且利用強弩與伏兵戰術擊破羌人，修復營壘二八〇處，維護郡內的安定。

【譯 文】

等待自然條件對敵方不利時去圍困他，用人為的假象去誘惑他。如果向前去攻擊有一定危險，那就設法讓對方反過來攻擊我方。

按：兵書說：「下策攻城。」倘若不問條件直接攻擊，那就是自尋失敗之途。敵人既然佔領有利的地形，就不要只往地形上去爭奪；更何況敵方已經作了準備，兵力浩大。敵方兵力就緒，如果不使用小利益來作引誘，他就不會向前攻擊；敵方兵力眾多，如果不把天候季節和人為的條件作結合利用，就不能戰勝他。東漢末期，幾千個羌人把虞詡截至陳倉崤谷（今陝西寶雞市西南），虞詡停下來，揚寫信請求救兵，並且等救兵到了再前進。羌人聽了，想趁援兵到來之前發財，士兵都分散到臨縣去搶奪財物。虞詡見羌人分散了，便乘機進軍，不分晝夜，每天急行一百多里。每次駐軍，命令士兵各作兩灶，逐日加倍。羌人以為虞詡的救兵趕到了，不敢攻擊。於是反而是虞栩發動進攻，將羌人一舉大敗。

虞詡先揚言等救兵到了再有所行動，是用小利的辦法去引誘羌人主意力的分散；日夜急行軍，是給羌人造成時間和空間上的被動錯覺；加倍修灶，是為了迷惑敵人的行動，讓他們以為援兵已經到了。

【出處】

「調虎離山」語出《管子》一書中「虎豹去其幽而近於人，則人得之」。此計名出自於《西遊記》七十六回：「……正中了我的調虎離山之計。」

【成功關鍵因素】

本計含義：此計用在軍事上，是一種調動敵人離開原據點的謀略。它的核心在於一「調」字。虎，指敵方，山，指敵方佔據的有利地勢。若是敵方盤據了有利於他們的地勢，並且兵力眾多，防範嚴密，在此刻，我方軍隊不可直接攻擊。正確的作戰方式，應該為設計相誘，把敵人引出堅固的據點作戰，或是把敵人引誘到對我軍有利的地區，這樣才能有極大的勝算。

用法心計：本計主要是調動敵人，進而加以消滅敵人的一種計謀。「調」字是關鍵，亦為執行的難點。計策的成功與否，最要緊的是須有套引誘敵人出來的計謀，而計謀的巧拙，正是使用的關鍵所在。要審時視勢、因勢利導，調得巧妙、靈活、漂亮。此計是為一種戰術，在刑事偵察、抓捕逃犯等行動中最常應用；在運動競技場上，籃球、足球、排球等比賽裡，也多能取得奏效。本計策可使用於談判或辯論的技巧中，如在談判中故意賣個破綻，引來對方的攻擊，使之陷入被動之中。企業經營可以此作借鑑，如利用驅動原理，使對方主動讓出某些經營產品，或有利的地理位置等。

商戰活用：一般來說，人們都爭取能在自己的熟悉的地力與對手談判，誰能夠將對手調離自己習慣的地方，誰就能爭取到主動權。在商場上，審時度勢是非常重要的。若是沒有抓到對方的弱點，「猛虎」是不會輕易地離開自已的地盤。更要注意的是，引開敵人到他處時，應立即採取行動，趁其不備攻擊對方的勢力，隨時小心，切勿放虎歸山以留後患。

【歷史案例】：孫策奪取盧江郡

東漢末年，群雄並起，各據一方。江東英雄孫堅之子孫策文武雙全，雖年僅十七歲但謀略過人、驍勇善戰，人稱「小霸王」。他繼承父志，招兵買馬，勢力逐漸壯大。西元一九九年，孫策欲向北推進，準備奪取江北盧江郡。盧江郡南臨長江，北靠淮水，地勢險峻，易守難攻，盧江郡郡守劉勛又兵多將廣。孫策知道，如果強攻，取勝的機會很小。於是他與眾將商議，設計了一條調虎離山的妙計。

針對劉勛貪財的心理，孫策派人送去一份厚禮，並附了一封書信，信中對劉勛大肆吹捧，說他文韜武略名揚天下，並與他結為好友。孫策還以弱者的身分向劉勛求救，他說：「上繚軍經常派兵侵擾我們，我們力弱，不能遠征，請求將軍發兵降服上繚，我們會感激不盡。」劉勛見孫策軟弱無能，免去了後顧之憂，又收了孫策許多禮物，加上上繚物產富饒，自己早想併吞，便準備發兵上繚。部將劉曄識破孫策的鬼計，極力勸阻，但劉勛決意已定，不聽勸阻，他早就被孫策的禮物與甜言給迷昏了。

當劉勛親率數萬兵馬進攻上繚時，孫策心中大喜，說：「老虎已經被我引出山了，我們趕快去佔領他的老窩吧！」於是，率領江東精銳之師，水陸並進，直奔廬江郡，廬江郡因為沒重兵看守，孫策很快就取得廬江。劉勛知道中計，卻為時已晚，只好灰頭土臉投奔曹操。

【現代案例】：統一企業「落平川」

提到台灣的速食麵，「統一麵」絕對是長青暢銷的品牌，其他像是：科學麵、來一客、阿Q桶麵等這些耳熟能詳的產品，都是統一企業的速食麵品牌，在台灣，統一速食麵的市場率達百分之五十，名氣和實力都比其他對手略高一籌。

同樣經營速食麵的頂新企業卻是從中國市場發跡，一九九二年，頂新企業推出「康師傅」速食麵，「康師傅」是以符合內地人的口味開發而成，並且考量到消費者的消費能力來定價，此外，為了打響名號，投入巨資展開廣告宣傳，結果，包裝漂亮、廣告兇猛的「康師傅」一推出便在市場引起搶購熱潮。頂新企業接著在中國各地陸續設立生產廠，在中國速食麵市場稱霸。

十多年前，在台灣幾乎沒人知道「康師傅」是何方神聖，當時，統一的速食麵才是市場的老大，「康師傅」很難攻下統一，因此決定將眼光放在中國市場。「康師傅」在中國市場快速崛起，統一也決定進軍中國搶占市場，傾巢推出統一速食麵，卻敗下陣來。

頂新企業率先搶入中國市場，創造有利於己的天時、地利、人和，其輝煌成果吸引了統一企業來爭奪，不過，一旦「虎」離開了「山」，陷入陌生的境地，便容易步履維艱，落個「虎落平川被犬欺」的下場，統一企業初入中國市場時得到的就是這種結果。在這裡，頂新企業巧妙使用的便是「調虎離山」之戰略。

第三節　調虎離山情境：關鍵、執行與練習

調虎「離山」，也有很多「離山」情境，表示到了一個陌生的時空環境，會流失很多優勢。如統一企業在台灣市場如「虎」，到了大陸便虎落「平川」，這種事情也可能發生在所有人身上。你在某行業任職是「一條龍」，因故進入另一行業成了「一

隻蟲」，原因何在？是否背後有什麼勢力「調動」了你？

為從多方面思考調虎離山諸種情境，再從關鍵要素、執行問題和九宮格練習，加深思索和學習效果，並從商戰說明小結。

調虎離山要素及反思

——「調」字是關鍵，亦為執行的難點。計謀的巧拙，正式使用的關鍵所在。

1. 關鍵要素：

- 你分析了對方的機會與優勢。
- 對手在大本營裡稱霸一方。
- 引誘對手脫離大本營。
- 運用相關計策引誘，欺騙對手。
- 你可以⑴在平地上發動攻擊，⑵襲擊大本營。
- 給予不正確的情報反問。

2. 執行的問題：

- 誰是你的對手？實力如何？
- 他的大本營是什麼（市場／客戶／地區）？

・對手離開大本營會怎麼樣（進入贏利的XYZ市場，打造ABC能力）？
・怎樣才能引誘對手離開大本營？
・那些誘因會打動對方離開？
・從離開大本營的對手還能撈到哈好處？

3.執行調虎離山的自主練習九宮格

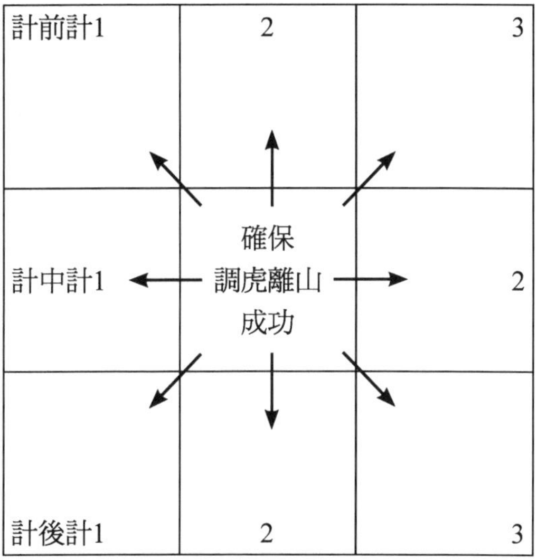

小結

(1)**應用特性** 常應用於調動競爭對手。調動競爭對手轉換市場去和其他更加強大的競爭對手進行競爭，或調動競爭對手，使其到不利於其產品銷售的市場上去開展競爭；或引導競爭對手到其他有利於自己產品銷售的市場去和自己競爭。從營銷的角度來說，調動競爭對手並不容易，因為現在的市場信息已經變得非常便利和流暢，因此，利益的誘惑是首選的方式。

(2)**市場基礎** 本企業產品適銷對路，農民對本企業產品的認知度比較高。

(3)**產品定位** 定位於一流產品，大品牌，大企業。

(4)**營銷目標** 穩固與經銷商之間的關係，鼓勵經銷商接受新的營銷理念，鼓勵經銷商積極開發新市場。

(5)**準備措施** 準備好與經銷商合作的新形式，做好新市場的調研工作，幫助經銷商制定市場開發方案。

(6)**措施實施** 帶動經銷商走出家門實施市場開發策略。整合經銷商原有的老市場，整合零售商。實施新型合作模式。

【附　註】

註一　金・麥考瑞（Kim MacQuarrie），馮璇譯，《印加帝國的末日》（The Last Days Of The INCAS）（台北：自由之丘文創事業／遠足文化事業股份有限公司，二〇一八年十月）。

註二　陳福成，〈印加最後的獨白——國王阿塔瓦爾帕之死〉，《華文現代詩》第二十四期（台北：文史哲出版社，二〇二〇年二月），頁一五一～一五八。

註三　《中國歷代戰爭史》第二冊（台北：黎明文化事業出版公司，民國六十五年十月），頁六四。

註四　同註三。

註五　漢・司馬遷，《史記》〈越王勾踐世家〉（台北：宏業書局，民國七十九年十月十五日），頁一七四三。

註六　陳福成，《大兵法家范蠡研究》（台北：文史哲出版社，二〇一八年二月增訂再版），第七章。

第十六章　欲擒故縱

欲擒故縱是一種「示弱」之哲學、「善下」之智慧、「處卑」之謙虛、「屈節」之態度、「不爭」之作為。而結果是取得最後的勝利，那些與你敵對、競爭者被你擒住，被你吃掉，當初他們都以為你是一頭豬！

是故，兵法上常用的「欲抑之，必先張之；欲擒之，必先縱之」，正是欲擒故縱的基本思維。凡讀過幾本兵書的人都懂，也都能在碰上敵手時，用上一用「扮豬吃老虎」、「養肥了豬，再開刀」。但要用得高明，因戰場、商場千變萬化，狀況各有不同，還是困難重重，能如孔明「七擒七縱孟獲」，千古以來僅此一傳奇！

歷史上著名的欲擒故縱實例尚多如：西晉時石勒先予後取平幽州、唐朝尚婢婢大敗論恐熱，乃至包青天故事裡「殺牛破案」都用了本計。西方戰例裡，拿破崙在一八一二年兵敗別列津河，就是中了俄軍老將庫圖佐夫的欲擒故縱之計。在競爭激烈的場域中，任誰都不能自大，因為「戰神」也會中計。范蠡從道家思想中學到示弱、善下、處卑之哲學，他最明白這個道理，故能政商兩得意，從政是「聖臣」，從商成「商聖」，又為千古之財神。

第一節　范蠡與欲擒故縱

欲擒故縱基本操作時機模式

把敵人逼得太緊，敵人會絕地大反撲，我軍難免也要死傷。故意讓敵人有路可逃，則可逐漸挫其氣勢，緊追或有意放縱，可以拖垮敵人士氣，折損其戰力。待其軍心渙散或最弱勢時，一舉擒俘或殲滅，可以達到「兵不血刃」最大戰果，收取最大之利益。

欲擒故縱的「縱」字，並非放縱不管，而是盯住敵人時，讓敵人有鬆懈的空間。所謂「窮寇勿追」，「不追」不是任其脫離戰場，而是不要逼迫太甚，這是「縱」的謀略，縱至反擊能力也喪失時，再相機出手擒敵。此乃取勝所付出最小的代價。

欲縱之敵，即不能緊盯，又不能任其逃走，策略上就在一個「縱」字，要縱之到何種程度？縱之到何時？在何種時機之下才出手擒來或消滅？這才是使計的難處。

欲擒故縱擴大運用時機模式

縱敵而去，有時是「放長線釣大魚」的好辦法，放走小股之敵讓其與大股之敵會合，可以探知更多敵情，如主力部隊所在等。如此便有機會將敵人一網打盡，創造最大勝利。

欲擒故縱也是「驕」敵之妙道，先示弱、不作為最能迷惑敵人（對手），可使敵人驕傲、麻痺、輕忽，這便為擒敵或殲敵創造了時機。正是孫子兵法所言「能而示之不能」、「攻而示之不攻」。此計要能成功，即孫子所言之「勝於易勝」的道理，把敵人變成容易打敗的敵人，然後再將它殲滅。

除了軍事戰爭，在政治鬥法奪權，在外交乃至國際爭霸，在商戰謀利算計，甚至刑事辦案，欲擒故縱都是常用「工具」。如何把工具善用到極致？就看領導指運者，看準時機，把握好度，才能手到擒來。總之，欲擒故縱正是所謂：跑累了再抓他、養肥了再殺他、吹大了再扎破他！

范蠡的欲擒故縱

從欲擒故縱邏輯來看范蠡人生的兩大事業，滅吳和經商都能完勝，近乎完美的成功，達布衣之極。他做生意「逐什一之利，不敢言貴」，對付吳國的各種政策、謀略，都能經由欲擒故縱做出詮釋。

尤其滅吳的戰略運用上，范蠡和晉武帝司馬炎滅東吳，可謂使用了同一把「工具」。司馬炎欲平定東吳，完成中國之統一，任命羊祜統領荊州軍務，坐鎮襄陽，對峙而不攻戰。他以「欲擒故縱」為最高戰略指導，放縱當時荒淫無道的東吳孫皓，讓他耗盡國力和人才，眾叛親離，民心向背，達到最容易征服之境地，最後重兵出擊，擒服吳王。范蠡最終也擒殺吳王夫差，二者相較多麼神似。

本書講范蠡的欲擒故縱，不談他的諸多細節案例，要追溯范蠡性格和智慧裡欲擒故縱思維的源頭——道家思想。范蠡在政壇、商場，他總能很自然的處卑、善下、示弱，身段柔順如弱者，這正是老子的「道」。

道家（老子為主）思想的關鍵詞（概念），除處卑、善下、柔弱外，重要者尚有：清靜、無為、自然、和諧、不爭、重勢、貴德、樂生、創新等。（註一）當這些概念（客觀的），內化成觀念（主觀的），這種「道」就會產生力量，成為欲擒故縱的戰略指導。

此「道」所以能產生力量，主要有四個「力的泉源」（註二）：㈠「道生一，一生二，二生三，三生萬物」及「道生之，德蓄之，物形之，勢成之」的萬物生成論：㈡「天下萬物生於有，有生於無」、「萬物負陰而抱陽」的陰陽辯證論；㈢「大曰逝，逝曰遠，遠曰反」、「反者道之動，弱者道之用」的陰陽轉化論；㈣「沖氣以為和」、「知足不辱，知止不殆」、「多言數窮、不如守中」的中和節制論。道能生萬物，自然可以產生無窮力量。

范蠡是老子的信徒，自然是傳承老子「守中」觀，信仰孔子「中庸」觀，亦合中國聖人的「中道」觀。是故，范蠡總能在天時、地利、人和之中，找到適「中」的平衡點，成就屬於他自己的「中道」五種致勝又能致富的智慧。（註三）

㈠致「中和」。范蠡不貪天下之財，卻當散財「財神」，以「共富」理念，讓鴟夷子皮和陶朱公成為交易平台。此正是中國人常言「和氣生財、以和為貴」，他的道散發溫馨，和諧各方，自然是財源滾滾來。

㈡守「**中正**」。范蠡發明「秤」，為制訂公平公正的交易法則，養成商人中正不欺的行業道德；逐什一之利，自居其薄，厚利讓于別人，反而得到天下之利。

㈢要「**中虛**」。范蠡深悟「江海之所以為百谷王者，以其善下之」，故不論從政經商，他總是處卑、善下、示弱，時刻保持「虛中」狀態，虛懷若谷。「良賈深藏若虛」（類似現代「顧客永遠是對」），是他的人生信條，他胸懷中虛、低調，勝利和財富便在他的「谷底」匯聚，真是不成功也難。

㈣用「**中通**」。范蠡善於用「中」通達各種關係，化干戈為玉帛，化對手為朋友，化競爭為競合。因此，他能讓利、共利、散利，窮漢猗頓即是史例，後來猗頓成為「道商二祖」。（註四）

㈤位「**中立**」。范蠡一直提倡「知鬪則修備」，《史記・天官書》曰：「鬪為帝軍，運于中央，臨制四方。」（註五）此「中立」哲學，范蠡了然於心，他依道奉行，故能致勝又致富。

欲擒故縱是一種故意示弱、無為，乃至臣服、支持的哲學，實亦人類社會鬪爭法門之一。此種法門適合有老子道家素養的人行使之，其過程最為自然，天然天成，致勝的成功率最高。

第二節　欲擒故縱之理論、詮釋與舉例說明

攻戰計

第十六計：欲擒故縱

【原　文】

逼則反兵，走則減勢①。緊隨勿追，累其氣力，消其鬥志，散而後擒，兵不血刃②。需，有孚，光③。

【按　語】

所謂縱者，非放之也，隨之，而稍鬆之耳。「窮寇勿追」，亦即此意。蓋不追者，非不隨也，不迫之而已。武侯之七縱七擒，即縱而隨之，故躡展推進，至於不毛之地。武侯之七縱，其意在拓地，在借孟獲以服諸蠻，非兵法也。若論戰，則擒者不可復縱。

【注　解】

①**逼則反兵，走則減勢**　走，跑。逼迫敵人太緊，他可能因此反撲；若使他逃跑

則可削減他的氣勢。

②兵不可血刃 血刃，血染刀刃。本句意為兵器上不沾血。

③需，有孚，光 語出《易經・需》卦。需，卦名。本卦為異卦相疊（乾下坎上）。需的下卦乾為天，上卦為坎為水，是降雨在即之象。也是象徵著一種危險存在著（因為「坎」有險義），必須去突破它，但突破危險又要善於等待。「需」，等待。《易經・需》卦辭：「需，有孚，光亨。」孚，誠心。光，通「廣」。句意：要善於等待，要有誠心（包含耐心），就會有大吉大利。

【譯 文】

敵方若被趕得緊迫，就會遭到他的反撲；讓他逃走，反而可以削弱敵方聲勢。追趕敵方時，尾隨他、但不要逼迫他；藉以消耗他的體力、瓦解他的鬥志，等到敵方軍心渙散、潰散不成體時，再一舉捕捉他，如此用兵，就可不費一兵一卒擒獲，又可避免流血的戰爭。

按：本處所提之「縱」，不是對敵人放任不管，而是指緊追隨在後，只是追隨得沒那麼緊迫而已。孫子說：「對於潰退的敵人不要過分地去逼迫他」，即指此意。不追隨，不是不去跟蹤，只是不要跟蹤得過於緊密。三國時代，諸葛亮的七縱七擒計謀，就是說：釋放了孟獲，而又跟蹤他，轉來轉去，就把部隊引進至人跡不到的地方。諸葛亮的七縱，意圖於大疆土之上，拿孟獲作個樣子，去降服其他蠻族，以豎立威儀。不過，這種作法是不符合戰爭的要求。若要按照作戰的規則，被擒住的敵人，是不可以輕易再放掉的。

【出 處】

此計最早源於《老子本義・上篇》第三十六章：「將欲歙之，必固張之；將欲弱之，必固強之；將欲廢之，必固興之；將欲奪之，必固與之。」後世對老子這番話多有發揮，如《鬼谷子》：「去之者縱之，縱之者乘之。」《太平天國・文書》：「欲擒先縱，欲急姑緩，待其懈而擊之，無不勝者。」

【成功關鍵因素】

計策含義：一時縱敵，百日之患。這是瓦解、轉化敵人，先要暫時放縱它。在特殊情勢下，縱敵不僅無害，反而對我方有益。欲擒故縱中，「擒」和「縱」，是一對矛盾，軍事上的「擒」是目的，「縱」是方法。在敵人被打敗前，一定還保有相當的實力，此時若急於進攻，只會給我方造成不應有的損失。此即為「窮寇莫追」，最適當的做法應為放縱敵人虛留生路，讓敵方看到生存希望，使之想法麻痺後，再伺機一舉消滅他們。歷史上有許多「笑面虎」的政治人物，對付地位高、權勢力的政敵大多利用此計；對於其他行業的人，使用本計後多有成效彰顯。

計策活用：欲擒故縱，就是「以退為進」作為最好的進攻策略，使敵方心服口服、甘拜下風，利用「放長線釣大魚」的道理，沒有長線、沒有等待的話，大魚是不會上鈎的，透過迂曲折的謀路實行，取得一網打盡的最終意圖。因此「擒」才為目的，而「縱」只是表象的手段。成功的銷售家知道，如果把客戶逼急了，他一定會直接拒絕你所有的建議和看法，甚至會讓你斷了表達銷售產品的機會。因此，有時暫緩退一步，使客戶放鬆警惕和戒心，花費一些時間與客戶消磨，如此再伺機而動，就可以順利完成銷售，也能擄獲客戶對你的信任和交付。

商戰用法：商場用計如軍事之上，對於競爭對手不要跟得太緊，要設法消耗其體力，瓦解其鬥志並為我所用。在生意中，若過緊迫，對手也許會發生狗急跳牆，而顧客也會大為反感，結果可能是兩敗俱傷而得不償失。在市場競爭之中，貿易談判和廣告行銷中，採用的頻率最高。

用法心法：「欲擒故縱」不僅可用在「擒人」的具體行動上，也可以用於擒住「某種行為」或「某種意圖」。買賣行為的過程中，原是賣者有所求（即希望顧客消費達成交易之目的），但若適時使用本計謀的情況下，買賣雙方的情勢就會有大逆轉，即可能變成買者有所求於賣方（因渴求獲得某商品，要買還不一定買得到，如：限量商品）。原本是買方出招想使顧客購買，顧客往往不買帳，若能適時採取欲擒故縱的姿態，反而能達到成交目的。這就是人們的心理作用，利用逆向常理來操作，先已探求出賣方的反應，便能出奇致勝銷售成功。

【歷史案例】：蘇無名智擒盜賊

唐代時候，太平公主擁有價值幾千兩黃金的珍玩寶物，這些東西已累積些時日已久，有一回，這些寶物竟然全被盜了。太平公主便趕緊將這狀況向武則天報告。武則天大怒，便召來洛州長史下達命令：「三天內若捉不到盜賊，你們就提頭來見吧！」

洛州長史苦無計策，便去拜見了以聰明機智聞名的蘇無名，希望請他協助破案。然而，蘇無名卻說：「請先帶我與陛下見面，我再提出我的計謀。」來到宮中後，武則天便問蘇無名：「你要如何偵破此案，你有把握嗎？」蘇無名不急不徐的回答：「若責成我捉賊，請您不要急於求成，此事只需耐心等待，就能順利成功。另外要請求陛下，要捕盜的兵卒歸屬我全權調度，我必會盡心盡力完成陛下的使命。」於是武則天答應了所以的要求。

蘇無名這次接受的使命，改變從前大張旗鼓的做法。到了寒食節當天，他將吏卒集合起來下令：「你們分批守備東門和北門兩處。若看到一群穿著孝服的胡人，就暗中秘密跟蹤他們到墳地去。若他們到了一座新墳前，祭拜時哭不悲傷、跪無誠意，你們就去逮捕他們，一切見機行事。」果然，兵卒們在城外發現到有一夥胡人要去上墳，果真被蘇無名預料中，經盤查後，發現就是太平公主的寶物。

蘇無名已破案的消息傳遍宮廷，武則天便召見蘇無名，對他的才幹能力讚賞有加。蘇無名解釋說：「上次進城晉見陛下您時，我剛好發現一群胡人正抬著棺木要出殯。我從他們臉上的表情看來，皆不像剛失去親友的模樣，因此大膽懷疑他們的棺木中，是裝皇宮偷來的寶物。我預料到他們會先將棺木埋在城外，等待時機才會取出運走。我大膽預估，寒食節那天也許會再出城，用上墳之名義掩人耳目，以運走這大批寶物。因此我採用『欲擒故縱』的計策下手，目的是要不露痕跡的鬆懈胡人的防備心，讓他們在毫無警戒心下展開行動以放心開棺。我們在旁暗中等待時機，讓他們自動取出罪證後，再將他們繩之以法。」

武則天讚許蘇無名的妙計擒賊，不僅上封升官，還賞賜許多寶物。

【現代案例】：賭城的不敗秘辛

很多人都知道美國賭城勝地在拉斯維加斯，但位於紐澤西州也有一個不輸給拉斯維加斯的賭城，它便是大西洋賭城（Atlantic City）。從紐約出發，到大西洋賭城，來回車費僅僅只要二十美元。而且賭城也會給每位遊客一份豐富大禮，像是每位遊客可獲得十五美元與一份豐盛的自助餐，而第二次再次光臨的遊客，憑車票更可以換得十美元的回程費。如此豐厚的贈禮，難怪每年都吸引數以萬計的遊客上門消費，更被美國譽為第三大的觀光賭城。

這些好康，並不是老闆的慷慨，明眼人都知道，賭城老闆做的是賺錢的買賣，而且是只賺不賠，這只是他「謀利」計策的一環。

試想，到賭城不賭者可說是寥寥無幾，不管運氣與否，到頭來賭客總是賺少賠多，如此一來，湧向賭城的遊客越多，相等鈔票流向老闆口袋也越多。而大西洋賭城的「來去不用花錢」的噱頭，只不過是誘惑遊客的幌子而已，跟他們能賺的利潤比起來，這一點點「甜頭」只不過是九牛一毛，不足掛齒的花費。

大西洋賭城老闆用的謀利計策並非高深莫測，其實是用了人們常說的「欲擒故縱」、「放長線釣大魚」。在「擒」與「縱」間，放長線釣住遊客的心，讓他只要想到「賭錢」就想到「大西洋賭城」，「客源」與「獲利」，魚與熊掌皆可得。

「擒」與「縱」存在著一種辯證的關係，欲「擒」對方，就得先「縱」。投資也是一樣，想要賺更多，投入也越多。認識了這條規律，企業才能永保穩健的發展，獲利也才會源源不絕。

評論：從此案例我們可以了解，運用這計策不只在銷售和商場上可以建立友好關係、收服人心，更可貼近與客戶相同立場與心理，了解客戶想從銷售中獲取最大的利益，便先利用些小甜頭讓他們願意踏進生意的大門，再利用客戶貪小便宜的心理，如此逐步將客戶誘進銷售的天羅地網，客戶還會開心的掏出腰包消費，達到主客盡歡的局面。

不只是商場上，甚至在處理許多人事問題時，如果能夠順應對方的心理著想，欲擒之前，卻先縱之，反而能收到意想不到的效果，這正是利用計謀攻戰人心的巧妙之處。

第三節　欲擒故縱情境：關鍵、執行與練習

原來「欲擒故縱」是吾國古代大思想家老子發明的，他說：「將欲歙之，必固張之；

將欲弱之，必固強之……。」。此後，歷代兵法家、軍事家、政治家等，凡欲在人生戰場各領域爭一雌雄，無不將老子真言引為座佑銘，善加運用以期許自己是「成功組」。

理解思想是一回事，能否成為自己善用的工具？又是另一回事。到底是「知難行易」或「知易行難」？端賴自己有多少智慧和悟力！為深化「行」之效果，以下提供全方位反思和練習。

欲擒故縱要素及反思

——一種「以退為進」的計謀

1. 關鍵要素：

・你首先要的事前佈署。

・你「制服了」敵人，對方挫敗。

・征服不是目的，後面尚有大利益。

・縱然有能力，也別殺敵人。

・對方會揭露更多資源或情報。

2. 執行的問題：

・真正的計劃目標為何？

・誰是你的對手?客戶層?

・他會引入什麼創新(列舉三至五個最可能、最重要的)?

・假設他實施每個創新,你採取什麼行動來迎頭趕上?

・對方是否可能另成為事業夥伴?

3.執行欲擒故縱的自主練習九宮格

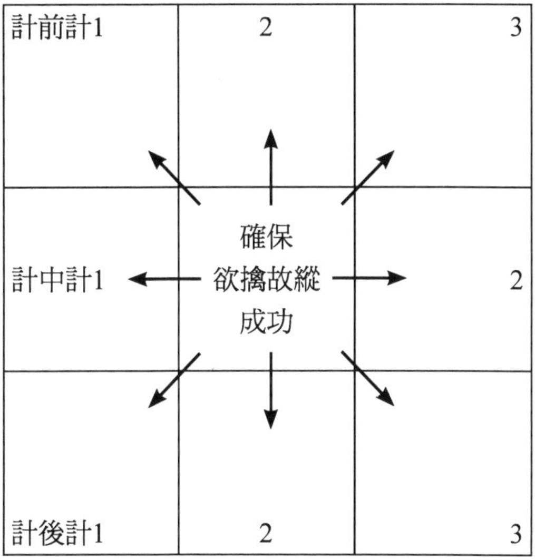

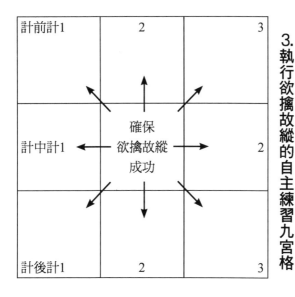

小結

(1)**市場特性**　在競爭對手的市場上，競爭應該小心細緻：不要逼迫對手拿出最佳的競爭狀態，要麻痺對手，規避對手的優勢是非常必要的，可以先開展小品種的試探性銷售，當機會成熟時，採取大規模行動。該策略也可以用來瓦解競爭對手的經銷商，基本上可以採取「胡蘿蔔加大棒」的方式。針對消費者方面，要尋找大戶，體現大戶的示範作用和帶動作用。

從營銷的角度來說，欲擒故縱是比較溫和的工作方式，需要謀略，需要耐心，需要目標明確。企業在市場上不能夠樹敵太多，不能夠包打天下，不要以為自己可以取代合作夥伴的市場職能，要整合市場資源為企業所用，這才是營銷的真正內涵。

(2)**市場基礎**　可以是本企業的主要市場，也可以是新開發市場。

(3)**產品定位**　向市場提供適銷對路的產品。

(4)**營銷目標**　團結經銷商，幫助經銷商，稱之為「培養市場老大計劃」。

(5)**準備措施**　調查和選擇經銷商，努力發現問題的癥結，預先取得經銷商的信任。

(6)措施實施　對經銷商實施內部整合、培訓經銷商和零售商、營銷中心下移，開展終端促銷。

【附　註】

註一　陳福成，《中國政治思想新詮》（台北：時英出版社，二〇〇六年九月），第三篇，第十四輯。

註二　李海波，《道商智慧：中國式經營的思想精髓》。（北京：化學工業出版社，二〇一六年九月），第一章，第六節。

註三　范聖剛、范揚松，《商戰春秋陶朱公》（台北：聯合百科電子出版有限公司，二〇一九年十二月十五日），第二篇，第七章，頁一一四～一一五。

註四　漢．司馬遷，《史記》（台北：宏業書局，民國七十九年十月十五日），頁三二五九。

註五　同註四，〈天官書第五〉，頁一二八五～一三五三。

第十七章 拋磚引玉

「拋磚引玉」是常民社會中，大家耳熟能詳又能用的簡易方法。例如，任何做生意的人都懂得用小惠小利吸引顧客上門，或引成一筆大的合約等。又例如，某人樂善好施偶爾會捐點小錢，他謙虛說：「只是拋磚引玉。」

宋朝道原撰《景德傳燈錄》記載著，唐朝詩人趙嘏（音古）到了吳地，有個叫常建的人想得到他的詩，打聽到趙嘏要遊靈岩寺，就先在那裡的牆上題了兩句詩。趙嘏看到後，引發詩興，在常建題的詩後補兩句，成了一首絕句，常建詩不如趙嘏好，後人就說常建「拋磚引玉」。

兵法、戰略、商戰、政爭裡的「拋磚引玉」，即不客氣、謙虛，更不浪漫、詩意。可以說充滿著凶險，如戰國時張儀拋「商於」之地引誘楚懷王、唐朝時契丹騎兵重創唐軍等。在西方，一七九六年拿破崙大敗奧軍、第一次世界大戰德國潛艇的「活餌」戰術、一九四三年英軍「肉餡行動」使盟軍登陸西西里島、一九九九年科索沃戰爭中南斯拉夫軍對北約的欺敵戰術。

拋磚引玉看似小技巧，實為成大功立大業，取富致勝的大智慧。君可知否？馬雲、郭台銘、比爾蓋茲等之能「坐大」，不外拋磚引玉而來。而失敗者原因何在？也不外是拋錯了！他拋玉引磚，所以這「磚」和「玉」之間，有一種神奇的智慧和因果關係，不可亂拋！

第一節　范蠡與拋磚引玉

拋磚引玉基本操作時機模式

「磚」和「玉」是形像化的比喻。「磚」是小利，是誘餌，手段與方法操作過程；「玉」是大利、大勝利，指的是作戰目的，整個大局的大目標。磚能否引出玉來？端賴「拋磚」的時機能否形成「誘餌」的條件。

在一場戰爭（或商戰、政爭）中，各方必然都會使出誘敵方法，不勝枚舉。最巧妙的辦法，不是用「似是而非」的辦法，而是用「以假亂真」方法，造成對方判斷時產生困惑，使其誤信眼前所見假象為真，這就是拋磚引玉可以成功的前提了。把握三個操作原則：以小引大、以小易大、以小抵大。

拋磚引玉擴大運用時機模式

拋磚引玉擴大運用到人生任何領域的經營，意涵著「用小失換大得」的簡單真理。磚比玉的價值小很多，須有小代價換得大利益的「果」，若未能得此大「果」，便得不償失，或「果」不夠大也是不划算。這盤人生算盤，你要怎麼打？

你要「用小換大」，人家當然是不願意，虧本生意誰做？這表示行使此計必須巧妙偽裝，乃至使出「瞞天過海」欺敵之策，對方才會吞下你的磚（誘餌）。誘敵能否成功？看指揮者能否因時、因勢、因敵、因地，靈活地一步步操作誘敵計策。

拋磚引玉在企業管理等領域也廣泛運用，理解其中道理，既可用於正常經營，擴展市場，提高企業效益；又可防止被人（同業競爭者）誘騙，保住自己的「玉」，不要被人家的「磚」換走。

范蠡的拋磚引玉

范蠡本來只是一塊「磚」（他是窮二代），到最後竟達「居家則致千金，居官則致鄉相，此布衣之極也。」（註一）「布衣之極」是超越世間一切「玉」的價值了。范蠡從十八歲出山從政約二十九年，滅吳之後從商至謝世（前四四七年）有二十六年。此期間，他無數次的「拋磚引玉」累積到「布衣之極」，也有各層次的拋磚引玉，如戰略性、戰術性、技術性。列舉數種。

第一、窮二代的范蠡吸引文種三顧茅廬。十八歲不到的范蠡一窮二白，到處謀職不成，他於是裝瘋賣傻吸引縣令文種三顧茅廬，他說：「越與吳相鄰，同風共俗，霸業創立，非吳即越。君如去越，蠡願隨供犬馬之役。」（註二）此舉，裝瘋賣傻即是「拋磚」行為，把自己當一個「磚」拋出去，吸引文種來訪是得「玉」，有機會同行到越國發展更是得「美玉」。如現代的窮小子，有人要助他到美國留學、發展，就是磚變成玉了！

第二、越國戰敗拋磚引玉保住性命國不亡。越王句踐即位第二年（周敬王二十六年、前四九四年），不聽范蠡諫言就興兵攻吳，結果大敗，轉瞬間句踐就要身死國

亡。范蠡知夫差好勝心理，力主投降以徐圖後計，派文種至吳軍向夫差說「利」。（註三）

> 請以句踐之女，女於王；大夫女，女於大夫；士女，女於士。越國之寶器盡從。寡君率越國眾，以從君之師徒，唯君左右之。

這段話何者為磚？何者為玉？越國之寶器、男人、女人，甚至句踐本人，照理說是比「玉」更重要的珍寶，如今被當成「磚」拋給吳王夫差。而「玉」何在？君臣性命留住是「玉」，國家未亡是「玉」，興越滅吳的理想尚在是一塊未來之玉！

第三、拋磚引吳王夫差北進中原。越國對吳國的基本政策、謀略，可以是「大戰略等級的拋磚引玉」。在小地方上也有技術性的拋磚引玉操作，例如周敬王三十四年（前四八六年），夫差要為北進中原做準備，必須打通江淮水道。為取得夫差歡心和信任，越國派出萬人民工、糧百船助吳，這裡民工和米糧就是越國拋出的磚，得到夫差歡心和信任就是玉。

第四、三致又三散千金的經商大法不外拋磚引玉。研究范蠡經商致富之道，可以歸納成七大法門，用現代語言說即：㈠低價買入、高價賣出；㈡乾旱備船、水澇備車；㈢賺一成利、預測天時；㈣人要我給、人給我拿；㈤品質保證、資金流動；㈥薄利多銷、擴大市場；㈦多元相濟、綜合經營。（註四）這七大法門若從拋磚引玉思維看，都合於此計之詮釋，古今做生意賺錢的方法都相通，就如「真理」，不隨時空不同而改變。

范蠡做生意始終只逐什一之利，微利是圖，不敢居貴是他的信條，他也樂善好施。凡此，他拋出「磚」（微利），最終佔領了整個市場（大利），這不是拋磚引玉，這是什麼？

第二節　拋磚引玉之理論、詮釋與舉例說明

攻戰計

第十七計：拋磚引玉

【原 文】

類以誘之①，擊蒙也②。

【按 語】

誘敵之法甚多，最妙之法，不在疑似之間，而在類同，以固其惑。以旌旗金鼓誘敵者，疑似也；以老弱糧草誘敵者，則類同也。如：楚伐絞，軍其南門，屈瑕曰：「絞小而輕，輕則寡謀，請無捍採樵者以誘之。」從之，絞人獲利。明日絞人爭出，驅楚役徒於山中，楚人坐守其北門，而伏諸山下，大敗之，為城下之盟而還。又如孫臏減灶而誘殺龐涓。

【注 解】

①類以誘之　出示某種類似的東西去誘惑他。

②擊蒙也　語出《易經・蒙》卦。蒙原意是事物的初始狀態，在這裡指的是，使敵人懵懵懂懂地上當受騙。擊，意思是使之成。

【譯 文】

以容易混淆的事象，使敵人思考陷入混亂、昧於判斷，以致無法看清事實之真相。

按：迷惑敵人的辦法很多，最好的辦法，不是用似是而非的辦法，而是用類似的辦法去迷惑敵人的疑心。凡是用張設旗幟、擂響戰鼓去迷惑敵人，是用似是而非的方法；凡是用老的弱的，及軍糧柴草去迷惑敵人的，是用類似的辦法。例如：公元前七百年（周桓王十二年），楚國進攻絞國（湖北鄖縣西），絞軍閉城堅守。楚國的大臣屈瑕，向楚武王建議：「絞軍輕躁好鬥，既不會運用計謀，又沒有行動計劃，可以用小利引誘他出來後，再進行攻擊他，不必去強攻。我們不是每天都派人進山打柴嗎？那裡地形隱蔽，便於設置埋伏，要是不派兵保護打柴的人，一定可以把絞軍引誘上鉤。」楚武王同意這項建議，派一些人去打柴，利誘絞軍出城掠奪；又派一支人馬到山裡埋伏；另一支人馬準備在絞軍出城後，斷絕他的歸路，同時乘機攻城。頭一天，絞軍見打柴的人無兵護送，果然出城來攔截，偽裝打柴的楚軍向山裡奔跑，絞軍狂追，追到山腳下，受到楚軍的伏擊。這時，另一部分的楚軍乘機堵住絞國都城的北門，截斷歸路，並且猛攻城要塞。絞人兵敗城空，只好舉國投降。又如孫臏針對魏軍向來輕視齊軍的特點，為了加重他們的輕敵思想，採取了滅灶法，以示已兵潰兵逃，誘導龐涓率輕騎追趕，於馬陵（河北省大名縣東南）設伏，使龐涓兵敗自刎。

【出處】

此計名出自宋朝道原撰《景德傳燈錄》。相傳唐朝詩人趙嘏的詩非常有名，前來求詩者絡繹不絕。詩人常建對其文筆非常景仰，想求其詩，卻不得其門而入。一次，常建聽說趙嘏要去蘇州遊覽，他斷定趙嘏會去靈岩寺一遊，為了請趙嘏作詩，他先在廟壁上題寫兩句未完成的詩句。趙嘏見後，果然提筆續寫了兩句，如此四句合一，成了一首完整的絕句，而且寫得比前兩句還要更好。因此後人即稱常建的做法是為「拋磚引玉」。

【成功關鍵因素】

計策意義：本計常用於軍事，指用相類似的事物去迷惑和誘騙敵人，使其在含糊狀況中上當，掉入我方圈套，然後乘機擊潰敵人的計謀。「磚」和「玉」在此只是一種象徵，「磚」是指小利、是誘餌；「玉」，指的是作戰的目的，為大勝利，此處正是以小代價換取大利益的手法。這裡的「引玉」是真正的目的，而「拋磚」只是為了達到目的的一種手段而已。

用計錦囊：此計就是俗諺所說的：「小魚釣大魚」策略。就是拋下可能使對方上當的誘餌，在等待敵人搶著撿拾時，進行致命攻擊的方法。因此佈下的利誘愈是吸引人，效果愈大，但敵人若明白那是誘餌時，就不會上當了。要成功地運用本計謀，就須設法讓敵人看不出來是誘餌。而如何設法使敵人上當，正是此計策的運用思考重點。

商戰活用：拋磚引玉，本來就是指用相類似的事物，去迷惑、誘騙對手，使其懵懂上當，正中我方之陷阱，然後再趁機擊敗競爭對手的智謀。「拋磚引玉」之謀在企業管理等領域中也可以廣泛地被運用。懂得其中奧秘，既可用於正當經營，提高企業效益；又可防止被人誘騙，保住自己的「玉」不被人用「磚」換走。

當市場上有新產品上市，消費者未能接受時，贈送商品提供給顧客使用，藉以打開銷售通路和知名度，是一項很好的權宜之計。除了贈送商品外，提供額外的服務給消費者，使其有更多的方便，亦是「拋磚引玉」的運用之一。目的都是以小換大、以少換多、以達到商業活動的目的，這也是經營者事半功倍的效果。

在推銷行業中，我們可以和客戶之間，作定期的接觸交流，為對方效勞、慰問，施予一點小惠，明瞭其需求，滿足其願望。若能在平常就建立這種互惠關係，那當激起對方的感謝和義務感時，一旦我們有所求，對方也會較願意傾聽和接受商品了。

【歷史案例】：馬尾換馬

從前，蒙古有個遊歷四方的遊僧。一日，他路經草原偶遇一位衣衫襤褸的牧民無精打采地蹲坐草地，於是向前訊問，牧民道說他唯一的馬兒被狼群吃的只剩馬尾與骨頭，今後生活無以為繼不知該何去何從。

遊僧聽聞大為不忍，遂向牧民索要馬尾，拍拍胸脯說：「請寬心，我這就給你向王爺換匹馬兒回來。」

後，遊僧帶著馬尾來到以貪婪奸詐著稱的王爺封地，左看右瞧，將馬尾塞入狐狸洞裡，等候王爺經過。待王爺經過時，看見遊僧貌似裝的用力抓著馬尾，還三不五時的拉扯，王爺被勾起好奇心，對遊僧問道：「你在做什麼？為什麼抓著馬尾巴拼命拽？」

遊僧說：「快幫幫忙，我的馬跑進洞裡了！」

王爺問：「馬怎麼可能跑進洞裡？」

遊僧答：「我的馬是匹寶馬，牠大小伸縮自如、飛天入地可日行千里，這回我在這放馬吃草，一不留神牠就鑽進洞裡了，幸虧我機靈抓著了尾巴，否則就得失了一匹神駒了。」

王爺一聽是世間少得的寶馬不禁垂涎三尺，為將寶馬據為己有，他眼珠骨碌一轉，撲通一聲從馬背上跳了下來，推開遊僧，就去奪馬尾巴。還翻臉訓斥遊僧道：

「大膽禿驢，誰允許你在我封地放馬，立刻滾出我的封地！」

遊僧見王爺上鉤便故作可憐道：「我走可以，但剛才追馬把腳磨出了血實在走不動路，請王爺給我想想辦法吧。」

「你騎我的馬走吧，給我滾遠一些，我不想再見到你！」王爺吼叫著。

遊僧悻悻然騎上王爺的那匹快馬，一溜煙向草原跑去，跑到那個牧民跟前，把馬交給了他，自己又到各地遊歷去了。

【現代案例】：煙臺啤酒「巧計」進軍上海市

二〇世紀三〇年代初，上海的啤酒市場是外國品牌的天下，土產的山東煙臺啤酒卻對上海人來說卻是陌生的，想要爭取一席之地，困難是可想而知。最後，煙臺啤酒決定以造聲勢來贏得產品的知名度。

為此，他們特意在繁華的靜安寺路，那裡的「新世界」商場底層租了一間店鋪，作重新裝潢和公開展銷，並與「新世界」的遊樂場聯繫合作，展開「免費喝啤酒」的活動。

他們在上海各大報紙刊登啟事：定於某日，「新世界」按正常價格出售門票，按門票進入「新世界」後，贈給印有「煙臺啤酒贈」字樣的毛巾一條。然後，可免費喝啤酒，喝酒多者，按前三名順序分別授予冠、亞、季軍稱號，並獲得大、小銀鼎各一獎座。

啟事登出後，引起了上海市民的熱烈迴響。到了預定時間，上海市更是萬人空巷，紛紛湧入「新世界」商場，靜安寺路上摩肩接踵、人山人海，交通為之阻塞。這一天，狂熱的人們喝掉了二四〇〇〇瓶啤酒；第二天，上海各家報紙繪聲繪影地報導煙臺啤酒的消息，轟動整個黃埔江畔。

時隔一個月，該廠又出新招：在半淞園內隱藏一瓶啤酒，能找到者，獎勵啤酒二〇箱（每箱四八瓶），這次出擊，又再次吸引成千上萬的上海市民的湧入參與。

兩次聲勢浩大的活動，使煙臺啤酒在上海深植人心，並且在很短的時間內，便與外國啤酒分庭抗禮。這種「拋磚引玉」的手法，也為煙臺啤酒帶來極大的知名度，深刻地注入上海市民的心中。

觀乎現今廣大的市場脈絡，大部分的新興商家也採用「拋磚引玉」、「以小魚釣大魚」的商業策略，或用「低價、降價、獎售」等手段來進攻消費族群。最常看到的就是，如新商家推出「牛肉麵只要一元」、「商業午餐便當只要三十九元」、在街頭送出免費試吃的消費券、或憑廣告目錄截角只要〇〇元等不同形式的「拋磚」活動，引領新的消費群顧客上門光臨，只要客源有將目光放在你的商品上，就有機會讓成為忠實的客群，商家就有機會達到「引玉」所帶來的利益效果了。

第三節　抛磚引玉情境：關鍵、執行與練習

走到全世界任何一條大街，所有的商業活動都在「抛磚引玉」，進行促銷大戰，「低價、獎售、買送……」。筆者還看過「台幣三千元泰國四日遊」的促銷，不知有多少人「吞下這塊磚」，若真參加了不知被「剝」了幾層皮？被「殺」到何種慘狀？所以不要以為抛磚引玉是簡單的事。所有的戰爭（含一戰、二戰），跨國企業商戰等，賽局中的各造，時時刻刻都在抛「磚」，己方也在抛「磚」，大家都在搶「玉」。以下再做些反思、練習，也許你有機得「玉」！

抛磚引玉要素及反思

——一種「先與後取」的計謀

1. 關鍵要素：

- 給對手的東西，價值較低的。

- 作為交換，對手給你的東西價值相對較高。
- 表達誠意為吸引焦點。
- 有效引導各方資源創造績效。
- 無形的名聲也是磚或寶。

2.執行的問題：

- 誰是你的對手（比如，用戶、競爭者、供應商）？
- 你有什麼東西，對手比你更看重價值？
- 對手有什麼東西，他認為價值不像你說的那麼高？
- 互換那些「東西」？你怎麼互換？
- 能否用石頭湯故事吸引各式資源投入？

3.執行拋磚引玉的自主練習九宮格

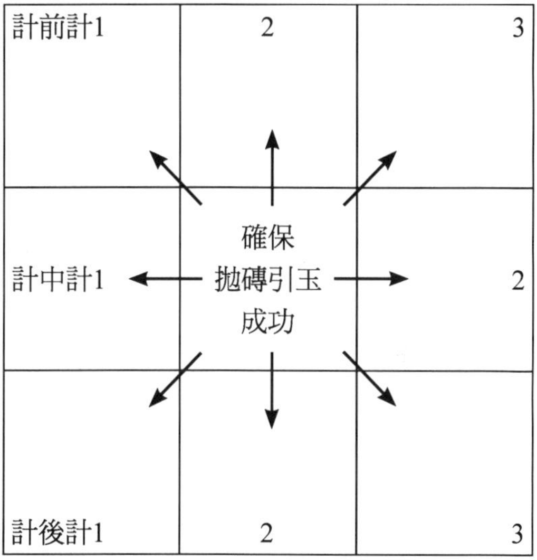

小結

(1)應用特性　產品方面，利用產品同質化現象，將更好的產品調入市場參與競爭，以產品優勢壓倒對手。消費者方面，也可以將需要更新換代的產品低價投入市場，讓消費者得到實惠，但不能夠降低產品的檔次，可以以回報消費者的名義向消費者提供優惠或者頒發禮品。經銷商方面，向經銷商提供配套的鼓勵政策，犧牲局部，顧全大局。也可以用於應急處理預案。

從營銷的角度來說，拋磚引玉是低成本開發市場的有效方式。企業可以犧牲眼前利益，謀求發展，關鍵是要把磚包裝成為玉，這樣，真正的玉才會被引進來，很少有傻瓜用玉來換磚塊的，因此這一謀略需要更加細緻的策劃。

⑵**市場基礎**　本企業產品適合該區域市場的需求。

⑶**產品定位**　選擇一個價格適合的產品，率先進入市場銷售。

⑷**營銷目標**　採取廣告先行的方式，進入該市場。

⑸**準備措施**　要有廣告宣傳和產品推廣的策劃方案，以及產品預先在該市場的試驗數據。

⑹**措施實施**　廣告先行，突出產品品牌，突出試驗效果，針對選定的某一個競爭對手的品牌進行對比式宣傳促銷。

【附註】

註一 漢・司馬遷，《史記》（台北：宏業書局，民國七十九年十月十五日），頁一七五二～一七五三。

註二 漢・袁康、吳平撰，今人楊家駱主編，《越絕書》（台北：世界書局，民國五十一年十一月）初版，第七卷。

註三 《中國歷代戰爭史》第二冊（台北：黎明文化事業股份有限公司，民國六十五年十月），頁五九。

註四 范聖剛、范揚松，《商戰春秋陶朱公》（台北：聯合百科電子出版有限公司，二〇一九年十二月十五日），第二編，第五章。

第十八章　擒賊擒王

雖然在幾千年前或史前，就有這類案例，不過「擒賊擒王」概念應該是杜甫創造的。他在〈前出塞〉一詩說：「挽弓當挽強，用箭當用長。射人先射馬，擒賊先擒王。殺人亦有限，列國自有疆。苟能制侵陵，豈在多殺傷。」這裡之情境，詩人已儼然是個戰技、戰術教練。

擒賊先擒王，連詩人都知道的招術，那些帶兵打仗的軍事領導人、商場拼殺的企業經營者、政局裡專搞算計的政治人等，也就不用說。這只要看看搞民主選舉的地方，不論大小選舉，雙方陣營都在不擇手段的要擒住對方的「王」，極盡醜化之能事，設法要擒而關之。因為只要「王」垮了，整個組織陣營必倒，乃至鳥獸散！

古今中外歷史上留下很多擒賊擒王的著名案例，如春秋時曹沫綁架齊恒公、漢時劉秀昆陽勝王莽、張巡大勝尹子奇、瓦剌人生擒明英宗。另如一五八四年泰王智斬緬甸王儲、一九六七年蘇聯綁架捷克斯洛伐克第一書記杜布切克等。不久前美國斬殺賓拉登，不僅為瓦解蓋達組織，也是要打壓伊斯蘭極端的民族主義。（註一）因為賓拉登把戰爭型態從「第三波」，帶到「第四波」，美帝怕怕，此王不擒殺，所有美國人晚上睡不著！

擒賊擒王是極有效的瓦解對手辦法。在中國人民解放軍的各案「統一之戰」中，有一案「斬首」行動，就是對已經成「賊」的台灣地方割據政權快速解決辦法。在中國歷史上，「漢賊不兩立」，如今中共為「漢」，台灣則已淪為「賊」，可悲啊！

第一節　范蠡與擒賊擒王

擒賊擒王基本操作時機模式

擒賊擒王成為一種謀略計策的思維邏輯，此「王」至少有四個意涵：㈠擒其魁首。俗言「人無頭不走、鳥無頭不飛」，頭頭是任何組織的主腦，擒殺了主腦，組織就會散亂乃至瓦解。㈡擊中要害。俗言「打蛇打七寸」，位置是心臟要害，打壞心臟蛇必死。同理，打擊任何敵人要找出要害重擊之。㈢殲其主力。敵對雙方必將兵力部署各處，定有主從或預備，打其主力殲滅之。

廣義的思考㈣是提綱挈領。面對任何狀況或議題，要能迅速抓住總綱，看清主要矛盾處，抓住重點並妥善處理，這是危機處理的關鍵能力。戰場狀況千變萬化，機師在空中碰到問題，解決問題的時間通常很短，若不能立刻抓到「要害」解決，眾多人命就得付出代價。

擒賊擒王擴大運用時機模式

任何種類的戰爭（政、軍、經、心），必須摧毀乃至全殲敵人最強大的主力，擒（或殺）其統領，才算澈底的勝利，如美軍殲滅伊拉克主力部隊，捕殺海珊。這是純從戰爭看，不談是否正義！侵略之戰也是戰爭。

如果只滿足於小規模的勝利，而不尋求殲敵主力或擒王的大勝利，這是兵卒的福利，將領的累贅，統帥的禍患。因為敵人主力和領導階層都在，就等於縱虎歸山，後患無患，若要一勞永逸解決問題，就是擒賊擒王。

擒賊擒王在維護社會治安，打擊犯罪也是常用辦法。古語說「殺雞儆猴」，雖有效亦有限。猴作亂，不殺猴，而去殺雞，久之猴們不怕，雞也會抗議或造反，所以必要時殺「猴王」效果更好。

范蠡的擒賊擒王

吳越爭戰數十年，最精彩一段是在最後范蠡堅持擒殺吳王夫差，併滅吳國的「圍攻吳都」之戰。（註二）周元王元年（前四七五年）十一月，越發大軍攻吳，圍困吳王於姑蘇山（在吳縣西三十里，今名胥台山）。吳王派使者王孫雒請和於越王，一再求和，越王不忍，準備要同意吳使者的請和，皆為范蠡諫阻。歷史留下他們的對話，是很有智慧的經驗學習，也能理解范蠡為何堅持必須「擒賊擒王」，乃至「殺王」。（註三）

范蠡再諫曰：「孰使我早朝而宴罷者，非吳耶？與我爭三江五湖之利者，非吳耶？夫二十年謀之，一朝而棄之，其可乎？王姑勿許，其事將易冀也（冀望也，言事將易成也）。」

越王曰：「吾欲勿許，而難對其使者，子其對之。」

范蠡對吳使者曰：「昔者上天降禍於越，委制於吳，而吳不受，今將反此義，以報此禍，吳王敢無聽天之命，而聽君王之命乎？」

王孫雒曰：「子范子，先人有言曰，無助天為虐，助天為虐者不祥，今吳稻蟹不遺種，子將助天為虐，不忌其不祥乎？」范蠡仍不許。

王孫雒曰：「子范子將助天為虐，助天為虐不祥，雒請反辭於王（謂再請示越王也）。」

范蠡曰：「君王已委制於執事之人矣。子往矣，無使執事之人，得罪於子！」

從這段對話可知范蠡堅持不許吳王請和，此時已看范蠡權力已超過越王句踐之上，句踐想要「原諒」夫差，而范蠡不許，且態度明顯必擒吳王滅吳國。

千古以來有個疑惑，以道家傳人自居的范蠡為何必擒吳王滅吳國？他和吳王與吳國並無深仇大恨。這問題得回到他十八歲時，文種來訪，他說「不入仇邦」，他的「仇邦」就是吳國，「忌反攻其故國也」。（註四）當時楚國的大戰略就是「聯越制吳」，以反制中原尊王攘夷和弭兵之盟的「聯吳制楚」。（註五）范蠡何許人也？他這麼年輕就知道吳國是自己國家的「仇邦」，他之奔越，很大動機（目的）就是為自己祖國消除後患。因此，范蠡的第一定位應該是「民族主義兼愛國主義者」，其次才是「道商」。

范蠡鐵了心必滅吳，王孫雒大哭而返。范蠡不報於王，擊鼓興師以隨吳使者，圍攻吳王夫差於姑蘇山，句踐左思右想，還是不忍，夫差有恩於他，復使人傳話於吳王。（註六）

越王曰：「吾其達王於甬句東（今舟山群島），君百家，夫婦各三百人以奉之，唯王所安與俱者，吾與君為二君乎，以沒王年。」

吳王曰：「君若殘余社稷，滅余宗，寡人請先死……凡吳土地人民，越既有之矣，孤何以視於天下，吾老矣，不能事君王。」

於是，范蠡使三千人入姑蘇山，以搜擊吳王，得之於干隧（姑蘇山之北），吳王請自死。時為周元王三年（前四七三年）十一月丁卯日。在《史記》〈吳太伯世家〉

記載：「吾悔不用子胥之言，自令陷此。」遂自剄死。越王滅吳，誅太宰嚭以為不忠。（註七）范蠡「擒賊擒王」取得完勝成功，祖國（楚）一勞永逸，解除後患。

循著「擒賊擒王」和「范蠡典範」，筆者多年來思索並研究二戰後吾國錯誤的「以德報怨」政策，甚至我覺得是蔣公所犯下最大的國家戰略和大戰略錯誤。老校長的「以德報怨」縱了兩「王」歸山，一是日本天皇，當時有機會廢除之，蔣公主張保留。二是岡村寧次（日本軍在中國的最高官）本應依軍事法庭判死刑，他殺害了千萬中國人，但蔣公用他的權力使其無罪。（註八）這其中必有蔣公的「私心」，與大陸失守有直接關係。

大和民族不滅亡，始終是中華民族永久之患，乃至亞洲不安全的禍源。多年來筆者著書立說，本世紀中葉前，中國人應以核武消滅倭國，收該列島成「中國扶桑省」。（註九）倭人以消滅中國為天命，我們也以消滅倭人為天命。

第二節　擒賊擒王之理論、詮釋與舉例說明

攻戰計

第十八計：擒賊擒王

【原　文】

摧其堅，奪其魁，以解其體。龍戰於野，其道窮也。

【按　語】

攻勝則利不勝取。取小遺大，卒之利，將之累，帥之害，攻之虧也。全勝而不摧堅擒王，是縱虎歸山也。擒王之法，不可圖辨旌旗，而當察其陣中之首動。昔張巡與尹子奇戰，直衝敵營，至子奇麾下，營中大亂，斬賊將五十餘人，殺士卒五千餘人。巡欲射子奇而不識，剡蒿為矢，中者喜謂巡矢盡，走白子奇，乃得其狀。使霽雲射之，中其左目，幾獲之，子奇乃收軍退還。

【注　解】

龍戰於野，其道窮也：語出《易經‧坤》卦。坤，卦名。本卦是同卦相疊（坤下坤

上），為純陰之卦。引本卦上六《彖卦》：「龍戰於野，其道窮也。」是說，即使是強龍爭鬥在田野大地之上，也是走入了困頓的絕境。比喻戰鬥中擒賊擒王謀略的威力。《後漢書》中朱穆戒梁冀云：「龍戰於野，其道窮也。謂陽道勝，陰道負。」大意是，陰和陽決戰，陰敗陽勝，陽獲得了支配控制的地位。

南霽雲：西元？～七五七年，唐代頓丘（河南清豐縣）人，為張巡的部下。張巡在睢陽被圍困的時候，霽雲欲突圍向外求援，失敗後又突入城，後來跟張巡時殉國。

【譯　文】

摧毀敵人堅強的主力，要抓住它的首領，就可以瓦解它的整體力量，使敵軍自行潰散。這如同引導惡龍在陸地上作戰相同，使其離開了大海，而臨了絕境，它就使不出其他招術出來了。

按：完全戰勝敵人，那利益是取之不盡的。如果滿足於小的勝利，而喪失獲得大勝利的時機，即使是士兵可以少犧牲一些，甚至還可使前功盡廢。認為完全勝利了，而不去摧毀敵人的主力，捉拿他的首領，那就像放虎歸山，後患不淺。捉拿敵人首領的方法，不要只從旌旗上去辨別，還觀敵人陣地上的指揮者。唐肅宗時，張巡和尹子奇作戰，隊伍一直衝到帥旗下。這時敵營大亂，巡部乘機斬殺了賊將五十多人，士兵五千多人。張巡想射死尹子奇，但不認識他。便叫士兵蒿子當箭射。中了箭的都很高興，以為張巡的箭射完了，急忙報告給尹子奇。於是張巡就認出來尹子奇，立即叫南霽雲放箭。一箭射去，正中尹子奇的左眼，幾乎把他俘獲了。尹子奇吃了敗仗，只好收兵大敗而去。

【出處】

此計出於唐代詩人杜甫的《前出塞》詩：「挽弓當挽強，用箭當用長。射箭先射馬，擒賊先擒王。」民間諺語亦有「打蛇要打七寸」之說法。

【成功要素關鍵】

計策要領：「擒賊擒王」的作指導原理，在古今中外的戰爭中，得到過廣泛的運用，帶給人們諸多啟示。從哲學的角度來看，計中的「王」，指的是主要矛盾（或矛盾的主要方面）。主要矛盾是在諸矛盾中，居於領導和支配地位的矛盾，主要矛盾解決了，其他矛盾也就跟著迎刃而解了。也就是，在處理問題時，關鍵的、少數的作用，勝過次要的多。可見，擒賊擒王是一種抓住主要矛盾，以帶動其他矛盾解決的計謀。

計策含義：一、擒其魁首。首領是一個組織的主腦，有著引導、協調和凝聚的作用。失去首領的組織，將會群龍無首，混亂無章。因此，要瓦解一個組織，主要重點就是擒其首領。二、擊中要害。俗話說：「打蛇要打七寸」。因為七寸之處是蛇的心臟所在的位置，打中了蛇的心臟，蛇自然不能存活。所以，做任何事情，只要抓住關鍵和要害，就可以達到事半功倍的效果了。三、提綱挈領。善於張網的人，總是抓住網的總綱繩；提著衣服的領子，上下一抖，衣服上的毛自然理順。這便是提「綱」挈「領」的妙處。

商戰用法：一言蔽之，「擒賊擒王」即是抓要害、掌關鍵。現在商場上中，本計謀略的運用頻率高居不下。商戰是需談判的，若能在談判中掌握對方的關鍵人物和核心問題，這正是本計謀略的使用重點。實質上，企業的競爭就是人才的競爭，如何擁有商戰中所具備的各種人，更是需要活用此計策。

用計心法：成功和失敗只有一線之隔。「王」代表事物的要害和關鍵所在，而誰能掌握，誰就能致勝；誰抓不住事物的重點，誰就註定是輸家。「擒賊擒王」這一謀略，是縱橫於企業內部的經營活動中所不可缺的。任何一個有所作為的企業家，無一不是「擒賊擒王」的高手。

【歷史案例】：蘇定方征服西域

蘇定方原為竇建德、劉黑闥部將，驍勇善戰，及竇、劉敗亡，蘇定方歸鄉裡。貞觀初年，蘇定方被唐廷重新啟用，以功授右屯衛將軍、臨清縣公。唐高宗即位後，由於西突厥賀魯屢屢進犯唐境，高宗晉陞蘇定方為伊麗道行軍大總管，負責征討沙鉢羅可汗賀魯。

有一次，賀魯率十萬人迎戰，他以為蘇定方兵少，乃分散兵力，左右翼同時進攻。蘇定方利用敵人驕兵輕敵的弱點，命步卒防守，自己率勁騎埋伏在周邊。賀魯軍三次突擊蘇定方的步軍陣地，都沒有衝入。軍容正亂，蘇定方抓住這個時機出勁騎衝殺，斬首數萬，賀魯軍大敗。

第二天，蘇定方繼續進攻，賀魯軍隊紛紛投降，其首領率數百騎向西逃跑。蘇定方分兵兩路，緊緊追擊。這時天降大雪，將領們勸蘇定方稍稍休息再追擊，蘇定方說：「擒賊應擒王，這次一定要擒獲賀魯，方肯罷休。」率大軍直搗賀魯老巢，屠殺數萬人，敵方全降，賀魯也被活捉。

這次戰爭獲得了全勝。蘇定方獻俘於高宗，拜左駝衛大將軍、邢國公。西域各部也徹底的平定，使得唐朝西部地區有了較長時間的安寧。

【現代案例】：安捷倫科技打入大陸醫療器材市場

從惠普（HP）公司獨立出來的安捷倫科技公司（Agilent Technologies）專營製造科學儀器、半導體、光纖網路裝置及測量儀器，在進攻中國市場時，企圖將產品賣進中國各大醫院。但中國醫療體系非常保守，一直列入國家保護政策，安捷倫作為一外來企業要將設備賣進去十分不易。

於是安捷倫科技開始在中國各省舉辦醫院的經營管理研討會，邀請各醫院中的決策主管參與，在研討會中，將醫院管理與其新穎的醫事科技產品運用結合，啟發長期處於封閉體系中的主管新的觀念。會後再邀約有意願的主管前往美國，實地參觀美國醫院的運作，並在柏克萊（Berkeley）安排一週的短期醫務管理的迷你MBA班，將西方醫療系統完整地建立在這群來自中國的主管官員的腦子裡。

這是一個典型的「擒賊擒王」例子。管理學有個重點叫二十／八十原理，意謂百分之二十的客戶可能佔有百分之八十的業績，百分之二十的員工創造百分之八十的業績。這百分之二十就是所謂的KEY MAN，意即「擒賊擒王」中的「王」，是整個過程中的關鍵。在市場上，掌握Key Account、大客戶，可以決定公司百分之八十的業務。

安捷倫科技先找到醫院的KEY MAN，再在KEY MAN中找到有意願購買的人，安排到國外去現場參觀，改變他的決策標準，進而將自己的產品推入一直以來不動的體系當中。經過這次策略運用，再結合中國業界固有的融資計畫、租賃計畫，和美國HP的租賃計畫，在中國一年就有六十億多的設備銷售金額。

第三節 擒賊擒王情境：關鍵、執行與練習

再回到前節所述，戰爭雖然取得勝利，但沒有擒賊擒王，反而會遭致國家災難。印證在二戰後蔣公的「以德報怨」政策，還有用權力使「岡村寧次無罪」，實在是最佳之理論和實際的檢證。此二事是中國人全民所反對，蔣公一意孤行，他的「私心」導致國家災難，只好讓出神州大地，走為上計，淪落台島，至今兩岸難以統一。

歷史殷鑒尚多，警示各種從事鬥爭的領導們，乃至人生面對各種複雜問題的判斷處理，「擒賊擒王」是極有效的管理法門。也別以為「賊」都在外面，人人心中都有不少「賊」，那一個是「賊王」？

擒賊擒王要素及反思

——一種抓住主要矛盾，以帶動其他矛盾解決的計謀。

1. 關鍵要素：

- 善用八十／二十原理的焦點法則。
- 面臨一個很「牛」的對手。
- 挑出對手的領導（們）。
- 把攻擊目標瞄準這個（些）領導（們）。
- 對手領導被推翻，組織隨之瓦解。
- 掌握關鍵少數創造新局勢。

2. 執行的問題：

- 你想要對手幹什麼？或採取的行動？
- 領導或決策者能調度清楚嗎？
- 對手組織中的誰會迫使這樣做？
- 對方內部資源如何取得及應用？
- 怎樣影響他或他們最後決定？
- 對關鍵人物如何接觸、影響？

3.執行擒賊擒王的自主練習九宮格

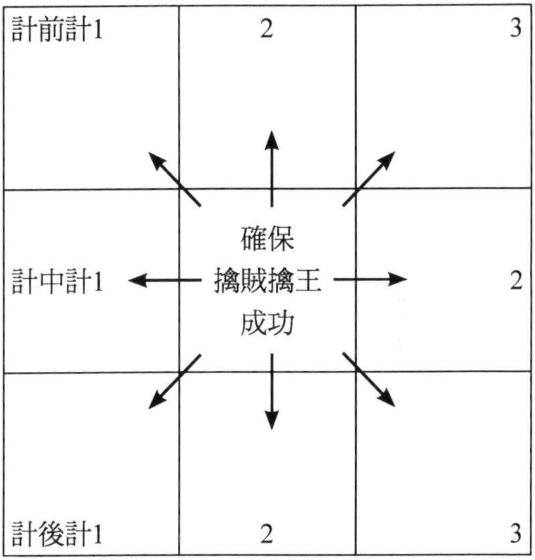

小結

(1)應用特性　用於整合市場網絡。在市場上，客觀存在一個較大規模的經銷商控制網絡，合作的可能十分渺茫，只有採取正面進攻的方式，比如對方經營的主產品，我們也經營，但是要在旺季時，突然殺價跑貨；對方沒有的產品我們集中力量促銷謀求更大利益；低價向其零售商供貨，瓦解其網絡。

從營銷的角度來說，選擇和抓住實力較強的經銷商與自己合作，可以順利地進入市場，可以得到事半功倍的效果。但是，越是實力強的經銷商，合作的條件就越加苛刻，而且這些經銷商都有自己固定的合作伙伴，新進入市場的產品很難得到他們的認可，所以必須付出更多的努力，爭取做到強強聯合，這就是擒賊擒王的策略：抓住上線，團結下線，爭取大戶。這樣，營銷目標就找到了重點，進入市場也找到了切入點。

(2)**市場基礎**　是競爭對手的品牌市場。

(3)**產品定位**　產品以新形象進入市場。

(4)**營銷目標**　選擇實力最強的經銷商代理自己的品牌。

(5)**準備措施**　策劃與經銷商的合作條件，策劃支持零售商的促銷方案，策劃大戶促銷的操作方案。

(6)**措施實施**　尋找代理商，謀求合作，也可以先在基層促銷，將促銷的效果歸納成為經典案例，通過案例，說服經銷商與自己合作。

【附　註】

註一　陳福成，《第四波戰爭開山鼻祖賓拉登》（台北：文史哲出版社，二〇一一年七月）。

註二　陳福成，《大兵法家范蠡研究》（台北：文史哲出版社，二〇一八年二月），第七章，第參節。

註三　《中國歷代戰爭史》第二冊（台北：黎明文化事業股份有限公司，民國六十五年十月），頁七二～七三。

註四　漢・袁康、吳平撰，今人楊家駱主編，《越絕書》（台北：世界書局，民國五十一年十一月），初版，第七卷。

註五　同註二，第三章。

註六　同註三。

註七　漢・司馬遷，《史記》（台北：宏業書局，民國七十九年十月十五日），頁一四七五。〈吳太伯世家〉和〈越王句踐世家〉都記載吳亡之事。

註八　野島剛著，蘆荻譯，《最後的帝國軍人：蔣介石與白團》（台北：聯經出版事業股份有限公司，二〇一五年元月初版），第二章〈岡村寧次為何獲判無罪？〉，第三章〈隱藏在白團幕後的推手〉。

註九 陳福成，《日本問題的終極處理——廿一世紀中國人的天命與扶桑省建設要綱》（台北：文史哲出版社，二〇一三年七月）。